차별하지
않는다는
착각

차별하지 않는다는 착각

차별은 어떻게
생겨나고
왜 반복되는가

홍성수 지음

어크로스

일러두기

이 책에서 법률이나 법률안은 다음과 같이 약칭으로 통일했다.

남녀고용평등법: 남녀고용평등과 일·가정 양립 지원에 관한 법률

연령차별금지법: 고용상 연령차별금지 및 고령자고용촉진에 관한 법률

장애인차별금지법: 장애인 차별금지 및 권리구제 등에 관한 법률

파견근로자보호법: 파견근로자 보호 등에 관한 법률

기간제근로자보호법: 기간제 및 단시간근로자 보호 등에 관한 법률

차별금지법: 별다른 설명 없이 차별금지법이라고 할 때는 21대 국회에서 발의되었던 다음 네 건의 법안을 말한다. '포괄적 차별금지법'이라고 말하기도 한다.

(1) 차별금지법안(2020년 6월 29일 장혜영 의원 등 10인)

(2) 평등 및 차별금지에 관한 법률안(2021년 8월 31일 권인숙 의원 등 17인)

(3) 평등에 관한 법률안(2021년 8월 9일 박주민 의원 등 13인)

(4) 평등에 관한 법률안(2021년 6월 16일 이상민 의원 등 24인)

차례

책머리에   9
프롤로그   왜 지금 차별을 이야기하는가   13

1부   차별이란 무엇이고, 왜 나쁜가

1장   차별에 대해서 나누고 싶은 이야기   26

2장   차별은 왜 나쁜가   36
    사례 차별이 보이지 않는다는 이들에게   51

3장   차별을 정의하다   56

4장   어떤 차별이 있는가   66
    쟁점 차별 대상을 적시할 것인가, 원인을 규정할 것인가   76

5장   차별금지 사유   82
    사례 학력은 개인의 선택이니 정당한 차별이다?   93
    사례 형이 실효된 전과자는 차별해서는 안 된다?   97

6장   차별금지 영역   100
    사례 사적 영역의 자유와 차별금지의 충돌   113

2부　차별, 알아야 맞설 수 있다

7장　**허용되는 차별도 있다?**　118

　　쟁점　장애인차별금지법: 왜 예외가 존재할까　129

8장　**차별을 해결하는 적극적 방법**　132

　　사례　여경 무용론을 넘어: 할당제에서 남녀 통합 선발로　141

9장　**차별금지가 역차별을 낳는다?**　148

　　쟁점　남성도 성차별 피해자가 될 수 있을까　164

10장　**종교와 차별**　170

　　사례　특정 종교가 반대하는 법을 제정할 수 없다?　182

3부 차별금지법이 필요하다

11장 차별금지법의 역사와 현주소　　186

　　쟁점　찬반 모두가 '절박한' 목소리인가　　199

12장 차별을 막는 가장 큰 우산 '차별금지법'　202

　　쟁점　차별금지법이 자유를 제한한다?　　211

13장 처벌 대신 권고로　　214

14장 법이 열고 사회가 완성한다　　228

4부 차별금지와 평등의 미래

15장 차별하지 않아야 성공한다　　240

16장 구조적 차별을 부정한다면?　　256

17장 차별금지법과 정치　　268

에필로그　평등하게 공존하는 사회를 향하여　　277
부록　　288

책머리에

차별에 관한 책을 내게 된 것은 개인적인 관심과 의지 때문만은 아니었다. 조금 거창하지만, 한국 사회의 정치적, 사회적 조건이 이 책을 쓸 수밖에 없게 만들었다. 2013년쯤 일간베스트 게시판이 사회적 문제가 되었을 때 나는 혐오표현을 연구하는 전문가로 소환되었다. 당시만 해도 혐오표현 연구자는 손으로 꼽을 수 있을 정도였다. 묵직한 연구 주제가 어느 순간 누구나 한마디씩 말을 얹는 뜨거운 주제가 되어버렸다. 혐오표현에 대해 연구도 하고 논문도 쓰다가, 대중들과 이야기로 나눠야겠다는 생각에 2017년 《말이 칼이 될 때》라는 책을 썼다.

내가 아는 내용을 모두 책에 담았으니 이제 일단락되었다고 생각한 것은 착각이었다. 혐오표현에 대한 사회적 관심과 논쟁은 계속되었고 나는 혐오표현에 대한 책을 쓴 '작가'로 더 자주 세상과 마주해야 했다. 혐오표현에 대한 관심은 '차별'과 '혐오범죄'로 이어졌다. 현실에서 혐오표현이 차별과 혐오범죄로 발전해나가는 것처럼, 나의 관심사도 자연스럽게 발전해나간 것이다. 2019년 즈음에는 해묵은 과제였던 차별금지법 제정이 다시 화두로 떠올랐다. 차별은 연구자로서의 순수한 관심과 흥미에만 머물 수는 없는 문제였다. 이번에는 차별에 관한 논의가 있을 때마다 참 많이 불려 나갔다. 하지만 혐오표현 논의에 참여했을 때와는 달랐다. 《말이 칼이 될 때》의 서문에는 '혐오표현에 관한 국내외 거의 모든 문헌을 섭렵했다'고 자신 있게 적을 수 있었다. 생각은 정립되어 있었고 어떤 논점에 대해서도 거침없이 말할 수 있었다. 하지만 차별은 훨씬 더 큰 주제인 데다 어렵고 복잡한 문제였다. 아직도 공부할 게 많이 남아 있고 세부적으로 들어가면 생각이 정리되지 않은 부분도 있다. 그럼에도 책을 내야겠다고 결심했다. 그것은 아직도 제정되지 못한 차별금지법 때문이었다. 차별 문제가 차별금지법으로 환원되는 것은 아니지만 차별금지법에 대해서 시민들과 이야기를 나누고 싶었다.

    대한민국 정도로 인권과 민주주의가 발전한 나라에 차별금지법이 없는 것은 매우 이상한 일이다. 그럴듯한 이유가 있는 것도 아니다. 특정 종교계 일부에서 지극히 부당한 반대를 하고 있다는 게 전부다. 그것 때문에 민주주의국가의 멀쩡한 법률이 이렇게 오랫동안 제정되지 못하고 있다는 게 말이 되는 일일까? 어디서부터 실타래를 풀어야 할지 막막한 상황이지만 내가 할 수 있는 일은 기회가 되는 대로 언론에 기고하고 차별금지법에 대해 강의해달라는 요청은 최우선으로 응하는 것이었다.

지원하고 응원해준 분들, 자극을 준 분들이 적지 않았다. 2020년에는 숙명여대에 "현대사회의 혐오와 차별"이라는 과목을 개설했다. 강의안을 준비하면서 생각을 정리할 기회를 얻을 수 있었다. 동시에 〈시사IN〉에 "굿바이 차별"이라는 표제로 차별과 차별금지법에 대해 열 편의 글을 기고하게 되었다. 차별금지법에 관한 논점 대부분을 담았던 이 연재 글이 책의 중요한 기초가 되었다. 귀한 지면을 내준 〈시사IN〉 편집부에 감사의 말씀을 전하고 싶다. 학교 강의와 외부 특강에서 차별금지법을 주제로 만난 수많은 청중 덕분에 신선한 자극을 받았고, 이 복잡한 문제를 어떻게 하면 쉽고 흥미롭게 전달할 수 있을지 힌트를 얻을 수 있었다.

이번에도 책의 초기 구상부터 어크로스출판사와 함께했다. 따뜻한 격려와 전문적인 지원 덕분에 큰 문제 없이 책을 낼 수 있었다. 함께 호흡을 맞춘 편집자 강태영 선생님과 김형보 대표님께 깊이 감사드린다. 학부와 대학원에서 인연을 맺었던 제자들은 이 책의 초고를 먼저 읽고 조언해주었고, 덕분에 완성도를 높일 수 있었다. 김현지(변호사), 문유진(대학원생), 설정은(대학원생), 신나

리(노무사), 유하원(대학원생), 장예정(인권활동가), 정다운(기자)에게 감사의 말씀을 전한다. 언제나 묵묵히 지지하고 지원해주시는 아버지, 어머니, 장인어른, 장모님이 없었다면 이 지난한 과정을 견딜 수 없었을 것이다. 감사하다는 말로 대신할 수밖에 없다는 게 죄송할 뿐이다. 늘 신선한 자극과 따뜻한 위로를 적절히 조합하여 선물해주는 아내(홍소현), 그리고 존재만으로 기쁨을 주는 두 아들(서진, 서우)은 말 그대로 가족이자 동반자였다. 두 아들은 본문의 에피소드에 등장하는 것에 대해서도 흔쾌히 허락해주었다!

유감스럽게도 이 글을 쓰는 현재까지 차별금지법은 제정되지 못했다. 언제가 될지는 모르지만, 차별금지법은 제정될 것이다. 그때 이 책이 미약하게나마 기여한 바가 있다고 말해주는 사람이 있다면 얼마나 좋을까? 그날을 기대하면서 이 책을 세상에 내놓는다.

2025년 10월

홍성수

프롤로그

왜 지금
차별을 이야기하는가

"난민 수용은 국민에 대한 역차별이다", "이주노동자가 우리 일자리를 빼앗아간다", "다문화 정책은 세금 낭비다", "여성가족부가 남성을 차별한다", "성소수자가 특권을 누리고 있다", "이슬람 사원 설립에 반대한다", "카페에 아이를 동반하는 것을 금지한다", "피트니스 클럽에 65세 이상은 출입 금지다", "장애인들의 지하철 시위는 시민을 볼모로 잡은 인질극이다", "비정규직의 정규직 전환에 반대한다", "지역 할당제는 수도권에 대한 역차별이다".

10여 년 전만 해도 이런 글을 반기는 사람은 흔치 않았다. 속으로는 그렇게 생각했을지 몰라도 대놓고 말할 수는 없는 얘기들이었다. 처음에는 특정 인터넷 게시판에서만 볼 수 있었던 것이 어느 순간 인터넷 어디에서나 볼 수 있는 말이 되었다. 지금은 오프라인에서도 쉽게 접할 수 있는 말이 되었고, 심지어 이런 말을 하는 정치인들까지 등장했다. 이런 문제를 혐오와 차별의 문제라 규정하고 적극적인 대응을 주장하는 목소리도 있지만 그 힘은 미약하다. 2010년대 들어 혐오와 차별에 대응하는 입법이나 정책적 시도는 사실상 모두 실패했다. 그것이 작금의 현실이다.

역사를 거슬러 올라가 보자. 한국에서 혐오·차별의 문제가 본격적으로 불거진 것은 대략 2010년 전후다. 바로 이때 인터넷에서 이주자·외국인에 대한 혐오가 본격적으로 등장했다. 반다문화, 외국인 노동자 반대, 외국인 범죄 척결 등을 내세운 인터넷 커뮤니티가 개설되었고 온라인의 여러 게시판에도 인종적 혐오를 표출하는 글들이 늘어났다. 2010년 국가인권위원회의 인터넷상의 인종차별적 표현 모니터링에 따르면, 이 글들은 한국 사회의 문제를 외국인이 일으키고 있다고 선동하면서 인종적 우월성을 얘기하거나 위협적 존재로서 외국인에 대한 증오감을 표출하기도 했고, 외국인을 비하하거나 희화화하거나 인종차별을 정당화·증진하려고 시도했다.

혐오와 차별의 대상은 이주자나 외국인에 머물지 않았다. 2013년에 문제가 되었던 일간베스트게시판(일베)에서는 여성, 5·18유공자, 세월호 유족, 민주화 운동가들이 표적이 되었다. 소수자나 약자를 비하하고 조롱하는 것은 '놀이'가 되기도 했고 사뭇 진지한 정치적 주장으로 발전하기도 했다. 특정 성별이나 세대의 문제라고 보기 힘들어졌다. 그사이 혐오와 차별의 대상은 성소수자, 난민, 조선족, 중국인, 비정규직 노동자, 무슬림으로 확대되었다.

    2021년 미국 애틀랜타의 한 마사지숍에서 총기 살인 사건이 있었다. 여덟 명이 살해되었고 그중 아시아계 여성이 여섯 명이었다. 피해자 가운데는 한국 이름을 가진 여성 네 명도 포함되어 있었다. 여성 아시아인을 특정했다는 의심이 제기되었다. 이 사건을 계기로 아시아인, 아시아 여성에 대한 혐오를 중단하라는 저항이 본격화되었다. 우연히 발생한 사건은 아니었다. 오랫동안 계속되어온 아시아인에 대한 혐오와 차별이 코로나19 이후에 터져 나온 것이었다. 아시아인이면서 여성이라는 이중적인 취약성을 가지고 있었던 이들이 특별히 목소리를 높였다. 온라인과 오프라인에서 다양한 모임이 결성되었고 거리에서는 "아시아인 혐오를 중단하라"고 외치는 시위가 벌어졌다. 2023년 11월 미국의 싱크탱크인 퓨 연구센터 Pew Research Center가 미국 내 아시아인 7000여 명을 조사한 결과에 따르면, 한국인의 38퍼센트는 "너희 나라로 돌아가라"는 말을 들어본 경험이 있다고 한다. 44퍼센트는 비하적인 호칭을 들은 적이 있다고 답했다. 인종차별을 경험한 적이 있느냐는 질문에 대해서도 정기적으로(5퍼센트) 또는 가끔(61퍼센트) 경험한다고 답했다. 13퍼센트는 인종적 이유로 고용되지 않은 경험이 있다고 답했고, 식당 등 서비스업체에서 인종적 이유로 부실한 대접을 받았다는 응답도 44퍼센트에 달했다.

차별이 확산되는 이유

그렇다면 오늘날 혐오와 차별이 확산되고 있는 이유는 무엇일까? 차별이 정당하다고 말하는 사람은 거의 없다. 아마 대부분의 사람들은 차별하면 안 된다고 말할 것이다. 그래서 마음속에 편견이나 혐오가 있어도 그것을 드러내거나 실행에 옮기는 것은 자제하려고 노력하는 것이 일반적이다. 예를 들어 동성애에 대해 부정적인 생각을 갖고 있다고 해도 반드시 동성애자를 차별하는 행동을 하는 것은 아니다. 편견을 갖고 있는 것과 그것을 실행에 옮기는 것은 다른 차원의 문제라고 이해하고 있기 때문일 것이다. 나의 강의에서 만나는 청중들은 종종 이렇게 말한다. "솔직히 말해서 생각이 바뀌진 않았는데요, 아무튼 차별하지는 말아야 한다는 것은 충분히 이해했습니다." 두 시간의 특강으로 사람들의 마음까지 바꿀 수 있다면 얼마나 좋을까 싶지만 차별을 하지 않겠다는 다짐을 이끌어낸 것만으로도 다행이라고 생각한다. 차분하게 이성적인 토론을 한다면 이 정도의 합의는 크게 어렵지 않다.

하지만 현재 상황은 그리 녹록지 않다. 세상에는 나의 강의실처럼 너그럽고 진지한 청중들만 있는 게 아니다. 강의실 밖의 세상은 전쟁터를 방불케 한다. 경제 위기, 기후 위기 등 다양한 차원의 복합 위기가 사회를 위협하고 있고 개인 삶의 불안이 심화되고 있다. 실제로 자연재해, 전염병 확산, 전쟁, 경제 위기, 대량 실업 등과 같은 사회적 위기가 혐오와 차별을 확산하는 계기로 작동한다. 위기가 위기인 이유는 통상적인 방법으로 문제를 해결할 수 없기 때문이다. 지진, 태풍, 해일, 산불 등의 자연재해, 흑사병이나 코로나19와 같은 전염병의 확산, 2차 세계대전이나 한국전쟁과 같은 전쟁, 1997년 금융 위기나 2007년 서브프라임 모기지 사태 등의 경제 위기를 생각해보면 된다. 이러한 위기를 극복하려면 어떻게 해야 할까? 뻔한 정답은 바로 '모두가 힘을 합쳐서 위기를 극복한다'다. 하지만 역사적으로 보면 사람들은 이런 정답 대신 다른 선택지를 택하는 경우가 적지 않았다. 힘을 '합쳐' 위기를 극복하기보다는 엉뚱한 희생양을 찾아 책임을 전가하는 것이다. 이것이 바로 혐오와 차별이다.

위기 상황에서의 약한 고리는 힘이 없는 존재들이다. 취약한 존재들이 혐오와 차별의 대상이 된다. 사람들은 위기에 맞서 싸우는 대신 그들에게 책임을 전가하고 그들을 척결한다면 위기가 극복될 거라는 환상에 빠진다. 역사적으로도 이런 사례는 무수히 많았다. 대표적인 것이 바로 중세의 마녀사냥이다. 마녀사냥의 희생자들은 대부분 사회적 지위가 낮은 여성, 나이가 많은 여성이었다. 여성이 다수였지만, 하층민 남성이나 동성애자 등 성소수자 남성도 마녀사냥의 희생양이 되었다. 유럽이 대기근과 흑사병의 위기에 빠졌을 때 중세인들은 마녀를 지목하여 마녀재판과 화형식을 거행했다. 1차 세계대전에서 패망한 독일이 심각한 위기에 빠졌을 때는 유대인이 문제의 원흉으로 지목되었고 코로나19가 확산되었을 때는 아시아인과 중국인이 표적이 되었다. 유럽과 미국이 만성적인 위기에 빠지자 이주노동자와 타민족·인종 구성원들이 공격 대상이 되었다. 하지만 이런 식으로는 흑사병, 중세의 위기, 코로나19, 현대의 만성적인 사회경제적 위기 중 그 어느 것도 해결되지 않았다.

진짜 문제를 가리는 손쉬운 방법

종종 개신교 지도자들의 강연 영상을 분석해야 할 때가 있다. "세상이 무너지고 있습니다. 교회가 무너지고 있습니다. 가족이 무너지고 있습니다." 심각한 분위기가 한창 고조되었을 때 갑자기 허망한 결론이 도출된다. "이 모든 것이 동성애가 확산되고 있기 때문입니다." 나는 이런 강연을 볼 때마다 교회의 진정한 위기를 은폐하려는 의도가 있다고 의심한다. 진짜 위기의 원인은 다른 곳에 있는데, 그것을 해결할 방법도 마땅치 않고 그럴 의지도 없으니 엉뚱하게도 동성애 탓을 하고 있는 것이다. 그러는 사이 정말로 교회를 살릴 수 있는 진지한 논의는 발 붙일 곳이 없어진다. 혐오는 문제를 은폐하고 도외시하는 것을 넘어, 문제 해결을 더 어렵게 만든다.

　미국과 유럽의 극우 세력들은 '먹고살기 힘들어졌다'며 동유럽, 아시아, 중남미, 아프리카 등에서 온 이주자들에게 책임을 떠넘긴다. 그런데 오늘날 미국과 유럽이 먹고살기 어려워진 것이 과연 이주자 때문일까? 오히려 이주자 덕분에 지금까지 성장할 수 있었던 것이고, 지금도 이주자 없이는 한순간도 사회가 지탱될 수 없다는 것이 엄연한 현실이다. 이런 상황에서 이주자들을 차별하고 배제하고 추방하는 것이 가능하기는 한 걸까? 실행에 옮길 수조차 없는 선동으로 정치적 사기극을 벌이는 동안 진짜 '잘 먹고 잘 살기' 위한 방안에 집중해야 할 사회적 에너지가 소진되고 있다.

　한국의 젊은 남성들 사이에 여성혐오가 만연해 있다고 한다. 젊은 남성들이 사회경제적으로 어려운 것은 사실이고 이는 해결해야 할 중요한 과제다. 그런데 삶이 어려운 것은 여성도 매한가지다. 여성이 더 행복해졌기 때문에 남성이 불행해진 것도 아니고, 여성에 대한 법과 정책 때문에 남성이 힘들어진 것도 아니다.

역차별의 상징이 되어버린 여성가족부가 폐지된다고 남성들이 행복해질까? 실제로 여성가족부 예산의 대부분은 가족·청소년 분야에 쓰이며 여성 분야 예산은 17퍼센트뿐이다. 이 예산은 성희롱·성폭력·성매매 예방 및 피해자 보호, 아동·청소년 성 보호, 경력 단절 여성 지원 등에 배정되어 있다. 이것을 남성에게도 공평하게 분배하면 평등한 사회가 될 수 있을까?

또 다른 원흉으로 꼽히는 '여성 할당제'도 마찬가지다. 사실 한국에서 여성 할당제가 실효성 있게 실행되는 곳은 거의 없다. 공무원 양성평등채용목표제의 최근 수혜자는 주로 남성이었다. 국회의원 비례대표 절반을 여성으로 강제하고 있고 일정 규모 이상의 회사 임원(이사)의 최소 한 명을 여성으로 두게 하는 제도를 시행하고 있지만, 여전히 국회의원과 경영진의 여성 비율은 경제협력개발기구 OECD 최하위권이다.

여성 징병 논의도 마찬가지다. 징병 문제는 중요하다. 군 복무 기간 축소, 정당한 임금 지급, 폭력·괴롭힘 금지, 의식주 개선, 충분한 휴식·휴가 보장, 모병제 도입 등 징병 남성의 고통을 '실질적으로' 줄이고 군인의 인권을 보장하는 방안을 마련하기 위해 머리를 맞대야 한다. 여성을 징병한다고 해결되는 문제가 아니다. 여성 징병은 손해와 고통을 분담하고 줄이는 것이 아니라 문제를 여성에게로 확대하는 것에 불과하다.

극우 정치의 연료가 된 혐오

2025년 4월의 일이다. 과 점퍼를 입은 대학생들이 서울 광진구 건국대 인근 양꼬치 거리에서 "짱×, 북괴, 빨갱이들, 대한민국에서 빨리 꺼져라"라고 외치며 시위를 벌였다. 중국인 상인들과의 충돌도 있었다고 한다. 나경원 국민의힘 의원은 "중국의 '샤프파워'가 서울대까지 침투했다"며 서울대 '시진핑 자료실' 폐쇄를 촉구했고, 자유통일당 서울 구로구청장 후보는 구로의 주인은 대한민국이라며 중국인 밀집 지역인 개봉역을 '을지문덕역'으로 바꾸겠다고 공약했다. 서울 시내 곳곳에서는 "중국 유학생은 100퍼센트 잠재적 간첩", "중국인이 몰려온다! 집회 참여! 범죄 증가! 혜택은 싹쓸이!"라는 펼침막이 걸리기 시작했다.

12·3 계엄 사태와 탄핵심판 국면에서 활개를 친 중국 혐오가 윤석열 대통령 파면 결정 이후에도 계속되고 있는 것이다. 위헌적·불법적 계엄을 정당화하기 위해 부정선거 음모론이 제시되고 중국인들이 부정선거에 개입되었다는 주장이 등장했다. 탄핵을 막기 위해 '혐중'이 동원된 것이다. 법원과 헌법재판소에 근무하는 중국인 색출 소동이 벌어지는가 하면, 코로나19 중국 책임론, 실업급여·건강보험·참정권·입시 등에서의 중국인 특혜론이 재등장했다. 윤석열 전 대통령 쪽 국회 대리인단은 중국의 하이브리드전 위협까지 거론해가며 계엄을 옹호했고, 급기야 헌법

재판소 앞에는 "차이나 아웃" 팻말을 든 시위대가 등장했다. 탄핵 반대 국면을 주도했던 극우 개신교 세력들은 공산주의, 동성애에 이어 중국을 '새로운 적'으로 지목했다.

이번에 새롭게 등장한 문제는 아니다. 2010년대 초부터 중국 동포 범죄가 부각되며, 중국인을 '위험한 존재'로 낙인찍기 시작했고 방송과 인터넷에 중국인·중국 동포를 조롱하는 콘텐츠가 줄을 이었다. 급기야 영화 〈청년경찰〉과 〈범죄도시〉가 개봉된 2017년엔 서울 대림동 중국 동포들이 영화 상영 반대 시위를 벌였을 정도로 심각했다. 코로나19가 창궐하며 반중 정서가 더욱 심각해졌고, 일부 극우 매체들은 중국이 한국 침략을 은밀히 계획하고 있다는 음모론을 퍼뜨리기 시작했다. 이렇게 발전해왔던 중국인 혐오가 비상계엄 옹호와 부정선거론과 만나면서 폭발한 것이다.

지난 10년 동안 '더 늦기 전에 혐오와 차별을 막아야 한다'는 호소는 주류 정치 무대에서 철저하게 외면당했다. 그 결과 한국은 세계 주요 국가 중 혐오·차별에 대한 공적 대응 수준이 가장 낙후한 나라가 되었다. 정부와 국회가 주저하는 사이에 혐오 세력들은 스멀스멀 힘을 키워왔다. 현실 정치에서 혐오, 차별, 성평등, 젠더 등은 어느 순간부터 금기어가 되었고, 2013년 차별금지법안 발의가 철회된 이후 혐오와 차별에 관한 국회 입법과 정부

정책은 사실상 중단되는 지경에 이르렀다.

많은 사람이 2024년 12·3 비상계엄 사태 이후 '극우 정치' 또는 '극우 포퓰리즘'을 우려하기 시작했지만 사실상 한국 사회의 극우화는 지난 10년 동안 혐오와 차별에 제대로 대응하지 못한 결과로 나타난 것이다. 그사이 혐오와 차별을 선동해온 세력들은 비상계엄으로 인한 정치적 위기 국면에서 '윤석열 탄핵 반대'로 집결했다. 윤석열이 정치 무대에서 사라진 이후에도 이러한 흐름은 멈추지 않을 것이다. 다만 그 표적을 바꿔가며 중국인에서 이주자, 난민, 성소수자, 장애인, 여성 등에 대한 혐오로 진화해나갈 것이다. 미국과 유럽의 극우가 진화해나간 것처럼 말이다. 극우 내란 세력을 척결해야 한다고 생각하거나 한국 사회의 극우화를 걱정한다면 혐오와 차별에 맞서 싸워야 한다.

공존의 조건을 위한 최소한의 약속

바야흐로 혐오와 차별의 시대다. 문제는 선명하지만 해법을 찾는 것은 쉽지 않다. 화끈한 해결책이 있었다면 세상이 이 지경이 되지도 않았을 것이다. 하지만 현재 상황에서 우리가 할 수 있는 가장 시급한 과제는 바로 차별에 대한 대책을 마련하는 것이다. 구체적으로는 '차별금지법'을 제정하는 것이다. 차별금지법이 제정된다고 해서 혐오와 차별의 문제가 일거에 해결되는 것은 아니지만 이조차도 못 하면서 문제를 해결할 수는 없다.

　　이 책을 쓴 이유는 차별이 무엇이고 왜 문제인지 알리고 싶었기 때문이다. 차별이 얼마나 절박한 문제인지 시민들과 이야기를 나누고 싶다. '차별금지'라는 말은 누군가를 벌하고 규제하는 부정적인 뉘앙스를 가지고 있지만, 사실 차별금지는 결국 모든 사람이 자유롭고 평등하게 살아갈 수 있는 최소한의 조건을 만드는 과정이라는 점을 강조하고 싶다. 차별을 금지하고 평등과 연대를 지향하는 것은 우리 공동의 미래를 위한 가장 지혜로운 투자다. 차별금지법은 공존의 조건을 만들어가는 법이다.

1부
차별이란 무엇이고, 왜 나쁜가

1장 차별에 대해서 나누고 싶은 이야기

그동안 연구자로서 혐오와 차별 문제에 대해 여러 연구 논문을 발표하고 여러 편의 연구용역 보고서 작성에 참여해왔지만 그럴수록 차별에 대한 오해가 크다는 생각을 지울 수 없었다. 아쉬운 일이지만, 한국에서 차별 문제가 논의되어온 짧은 역사를 생각하면 이상한 일은 아니다. 하지만 더 이상 방치할 수 있는 문제는 아니다. 앞으로 한국 사회는 더 다양한 사람들이 함께 살아가는 사회가 될 것이다. 좋건 싫건 피할 수도 없고 막을 수도 없는 현실이다. 차별은 바로 이 다양한 사람들의 공존을 파괴한다. 차별은 갈등과 분쟁을 일으키고 엄청난 사회적 비용을 치르게 할 것이다.

  2차 세계대전 이후 인류 공동체의 가장 큰 관심사는 혐오와 차별을 철폐하는 것이었다고 해도 과언이 아니다. 두 차례의 세계대전과 홀로코스트는 종교, 인종, 민족 등을 이유로 한 혐오와 차별에서 기인한 것이었고, 유엔이나 유럽연합을 만들고 각종 국제협약을 체결하고 국제 연대를 강화한 것은 모두 이러한 인류의 대비극을 반복하지 않기 위한 몸부림이었다. 그렇게 50년 넘게 안간힘을 썼지만 요즘 미국이나 유럽도 상황이 녹록지 않다. 몇 년 전만 해도 금기시되던 말들이 이제는 방송에서, 정치인의 입에서 아무렇지도 않게 나온다. 노골적인 차별의 행태들도 빠른 속도로 퍼지고 있고, 심지어 집단적 폭력 사태도 발생한다. 어떤 사람들은 그동안의 노력이 수포가 되었다고 한탄하지만 거꾸로 50년 넘게 노력한 덕분에 이 정도로 버티는 것이기도 하다. 최소한 아직은 버틸 힘이 남아 있고 반전의 잠재력도 사라지진 않았다.

그런데 한국의 현대사에는 혐오와 차별에 제대로 맞섰던 경험이 많지 않다. 경제발전과 민주주의를 동시에 달성했고 인권 보장 수준과 인식도 빠른 속도로 발전했지만 여전히 혐오나 차별은 우리에게 낯선 문제다.

노키즈존은 영업의 자유라는 사장님에게

최근 몇 년 동안 가장 뜨겁게 논쟁거리가 되었던 차별 관련 사례를 들자면 단연 '노키즈존'이다. 관련 기사에 달린 댓글을 보면 '사장님의 심정을 이해한다'거나 '(노키즈존 할지 말지는) 사장님 마음이다'라는 내용이 대부분이다. 설문조사에서도 '영업의 자유가 보장되어야 한다'며, 영업자의 입장에 공감하는 답변이 다수다.

아마 공공시설이었다면 전혀 다른 답이 나왔을 것이다. 사적으로 운영되는 영업장이니만큼 영업자가 손님을 가려 받을 자유가 인정된다고 보는 것일 테다. 직원을 뽑는 문제에 대해서도 비슷한 인식을 보일 가능성이 높다. 사장이 직원을 뽑는데, 여성, 무슬림, 다문화 가정 출신, 고졸자 또는 동성애자는 안 된다는 방침을 정한다면 어떤 반응이 나올까? 아마 사장이 원하는 대로 함께 일할 사람을 뽑을 수 있는 것 아니냐는 반응이 적지 않을 것이다. 그런데 이런 생각을 한번 해보자. 만약 성별, 인종, 성적 지향 등으로 직원을 가려 뽑거나 손님을 거부하는 것이 허용된다면, 우리가 살아가는 공동체는 어떤 모습이 될 것인가?

노키즈존을 단순히 특정 가게의 영업 방침으로만 치부할 수는 없다. 뒤에서 자세히 살펴보겠지만 차별이 문제가 되는 것은 그것이 일회적이고 지엽적인 문제에 그치지 않기 때문이다. 2014년경부터 노키즈존 방침을 내건 식당이나 카페가 생겼다고 해서 화제가 되었다. 나도 아이를 키우는 입장에서 이건 좀 아니다 싶었다. 특정 카페에 못 가서 억울한 게 아니었다. 세상에 널린 것이 카페인데, 다른 곳에 가면 된다. 그보다는 노키즈존 카페가 생겼다는 사실 자체가 가져올 파급력이 두려웠다. 아이를 거부하는 것이 '자유'로 인정된다면 이런 방침을 표방하는 카페가 늘어날 가능성이 높다. 그렇게 되면 우리는 어떤 가게에 갈 때마다 여기는 노키즈존이 아닌지 팻말부터 찾아야 하고 예약 전화를 할 때는 '혹시 아이도 받는 곳인지' 확인부터 해야 한다. 아이를 데리고 다니는 것이 무슨 죄도 아닌데, 왜 늘 그렇게 눈치를 살피며 살아야 하는 것일까? 더 나아가 아이들이나 아이들을 동반한 부모를 그렇게 취급해도 된다는 사회적 인식이 확산될 수 있다. 실제로 노키즈존은 확대되었고 어린이나 어린이를 동반한 부모, 특히 여성을 비하하는 문화가 확산되었다.

2019년 MBC가 어린이날을 맞아 어린이들에게 노키즈존에 대해 물었다. "억울해요." "화나요. 식당은 다 같이 먹으러 오는 곳인데 아이들이 시끄럽게 한다고 어른들이 출입 금지시키면 다른 데에서도 그렇게 할 수 있으니까." "어른들만 생각하는 것 같아요." "어린이들도 떠들기는 하는데 어른들도 같이 수다 떨고 이야기하고 하는데 어린이들만 못 들어오게 하는 건 좀 차별 같아요. 아닌 것 같아요." "그건 나쁜 거예요. 어린이도 사람인데 사람을 못 들어가게 하는 것과 똑같으니까요." "엄마 아빠하고 함께 같이 먹고 싶어요." 이러한 아이들의 외침에 대해 '영업의 자유'일 뿐이다,

또는 '사장님 마음'이다라고 반박할 수 있을까?

이뿐만이 아니다. 아이를 거부할 수 있다면 다른 사유로도 누군가를 거부할 수 있다. 노키즈존이 영업의 자유라면 흑인 출입 금지, 무슬림 출입 금지, 동성애자 출입 금지, 이런 것들도 다 용인될 수 있는가? 아니나 다를까, 노키즈존의 확대는 어떤 어른들의 출입을 금지하는 노아재존, 노아줌마존, 노시니어존으로까지 이어졌다. 이렇게 어떤 집단에 속하는 사람들을 편의적으로 영업의 자유라는 이유로 배제할 수 있는 사회를 과연 공동체 구성원 모두가 자유롭고 평등한 사회라고 할 수 있는지 묻고 싶다.

성차별은 없어졌다는 교수님에게

사회과학을 전공하는 어떤 교수와 대화를 나눌 일이 있었다. 해당 분야 전문가로 존경받는 훌륭한 인품을 가진 분이다. 어쩌다가 성차별 문제가 나왔다. 그분은 "이제 성차별 같은 것은 없어졌잖아요"라고 단정적으로 말했다. 어디서부터 어떻게 얘기해야 할지 난감했지만 마침 그때 은행권 성차별 문제가 터졌던 게 생각나서 그 얘기를 꺼냈다. "보시다시피 한국은 여성이라는 이유로 점수를 깎는 회사가 있는 나라입니다." 이 정도 말했으면 더 많은 얘기가 필요 없을 거라 생각했지만 오산이었다. 그 교수는 반론을 제기했다. "아마 그 은행에는 나름의 경영적 판단이 있었을 겁니다. 여성 비율이 어느 정도 되는 것이 합리적인지 등을 계산하여 그 판단에 따른 것이겠죠. 경영하는 입장에서 당연한 것 아닌가요?" 좀 심하다는 생각이 들어 이렇게 쏘아붙였다. "교수님 따님이 열심히 공부해서 은행에 지원했는데 여성이라는 이유로 점수가 깎였어도 따님에게 '경영진의 판단이니 어쩔 수 없다'고 말해주실 건가요?" 더 이상의 대화는 불가능했다. 우리는 어색한 분위기에서 잠시 다른 얘기를 나눈 뒤 각자의 길을 갔다. 하지만 불편한 마음은 한동안 계속되었다. 대학 교수라면 나름 우리 사회의 '지성인' 아닌가. 더욱이 사회과학을 전공하는 학자인데, 이런 분조차 차별에 대해 이렇게 인식하고 있다니, 너무 당혹스러웠다. 차별을 전공하는 나에게 그렇게 확신을 가지고 얘기할 수 있다는 것도 놀라웠다.

구조적 차별은 없다는 대통령에게

2022년 20대 대통령 선거, 윤석열 후보는 "구조적 성차별은 없다"고 말했다. 그가 구조적 차별을 무슨 의미로 말했는지는 분명하지 않다. 이 발언이 문제가 되자 바로 다음 날 그는 "구조적 남녀 차별이 없다고 한 게 아니"라며, 그보다는 "개인별 불평등과 차별에 더 집중해야 한다"고 덧붙이기도 했다. 추측해보면, 명시적이고 의도적인 성차별은 사라졌고 성차별은 개인적인 문제일 뿐이라는 의미였던 것 같다.

구조적 차별은 문화와 관행에 의해 소수자 집단이 겪는 불이익을 뜻한다. 흔히 차별이라고 하면 악의를 가지고 누군가에게 불이익을 주는 것으로 생각한다. 예를 들어 여성이라는 이유로 감점하여 채용이나 승진에서 불이익을 주거나 장애가 있다는 이유로 교육 기회를 제한하거나 인종이 다르다는 이유로 식당 출입을 금지하는 것 등이 대표적이다. 오늘날 발전한 민주주의국가에서 이런 노골적이고 직접적인 차별은 상당 부분 사라졌다. 그래서 많은 사람이 차별의 현실을 쉽게 인정하지 않는다. 미국에는 "흑인도 열심히 노력하면 성공할 수 있는데 무슨 인종차별이 있다는 거냐"라고 말하는 사람들이 있다. 이와 비슷하게 한국에서는 "구조적 성차별은 사라졌다"고 말하는 것이다.

그렇다고 차별이 사라진 것일까? 결코 그렇지 않다. 발전한 민주주의국가에도 여전히 '구조적 차별'이라는 문제가 남아 있다. 여성이라는 이유로 감점하는 경우는 흔치 않지만 여전히 여성 정치인이나 여성 고위직은 많지 않다. 노골적으로 장애인을 차별하는 기업은 흔치 않지만 여전히 기업들은 장애인 고용을 기피한다. 미국이나 유럽에서 노예제도가 사라지고 흑인에 대한 명시적인 차별은 없어졌지만 여전히 흑인들에 대한 사회적 배제와 차별은 남아 있다. 오랫동안 축적되어온 체계, 구조, 문화가 소수자에게 불리하게 작용하고 있기 때문이다.

문제는 이렇게 차별을 낳는 체계, 구조, 문화는 쉽게 인지되지 않는다는 것이다. 그래서 어떤 사람들은 차별의 현실을 부정하고 차별금지 정책의 필요성도 인정하지 않는다. 한국의 일부 개신교 단체에서도 늘 "성소수자가 무슨 차별을 받고 있냐?"고 반문한다. 성소수자 차별을 부정함으로써 성소수자 인권 보장을 위한 법적, 제도적 조치에 반대하는 것이다. 물론 한국의 어떤 법에도 '동성애자는 동등한 국민으로서 인정되지 않는다'라고 적혀 있진 않다. 한국의 어떤 기업도 '트랜스젠더는 채용하지 않는다'라는 인사 정책을 규정하고 있지는 않다. 하지만 한국의 성소수자는 생애 전 주기에 걸쳐서 직장, 학교, 일상생활 등 삶의 거의 모든 영역에서 혐오와 차별을 받고 있다는 경험적 근거들이 수차례 보고된 바 있다. 명시적인 차별이 사라졌다고 해서 차별이 없는 게 아니다. 그런데도 '차별이 사라졌다'고 손쉽게 단정하는 사람들이 있다. 심지어 한국의 미래를 책임지겠다고 나선 대선 후보까지 이런 말을 쉽게 내뱉는다. 그리고 그는 결국 대한민국의 대통령이 되었다.

이것이 우리가 발 딛고 있는 현실이다. 바로 이 지점에서부터 '차별'에 대한 이야기를 시작하려고 한다. 우리의 평범한 이웃인 동네 카페 사장님께, 지성인이라고 불리는 교수님께, 그리고 구조적 차별이 없다는 대통령에게 말을 건네고 싶다. 차별이 사라졌다거나 차별보다 다른 자유가 더 우선된다고 생각하는 모든 사람과 이 문제를 함께 토론해보고 싶다.

2장
차별은 왜 나쁜가

2019년 아카데미상과 골든글로브를 휩쓴 명작 영화 〈그린 북〉. 흑인 피아니스트와 백인 운전기사가 공연을 위해 여행을 하며 겪는 에피소드를 유쾌하게 풀어낸 작품이다. 영화는 1960년대 미국의 인종차별을 배경에 두고 있다. 영화에는 흑인 출입을 거부하는 식당과 호텔, 백인들만 쓸 수 있는 화장실 얘기가 나온다. 흑인 피아니스트 돈 셜리는 자신이 공연하는 호텔에서 무대의 주인공은 될 수 있지만 그 호텔 식당을 이용하는 것은 거부당한다. 저택에서 열린 백인들의 파티에 초대받은 연주자이지만 그 저택의 화장실은 이용할 수 없었다. 마당 한구석에 놓인 화장실을 이용하라는 말에 화가 난 셜리는 30분이나 걸리는 본인의 호텔 화장실에 다

녀온다. 미국 남부에는 흑인이 갈 수 없는 시설이 많았기에 흑인도 출입 가능한 호텔과 식당 등을 안내해놓은 안내 책자가 바로 녹색 표지의 "그린 북"이라 불렸고 이것이 영화의 제목이 되었다.

당시 미국에서 흑인은 법적으로는 온전한 시민권을 가지고 있었다. 투표도 할 수 있고, 재산도 가질 수 있고, 자신이 원하는 곳 어디로든 여행할 수 있었다. 하지만 오히려 사적 영역에서는 노골적인 차별이 존재했다. 영화에서 묘사된 것처럼 흑인이 갈 수 없는 호텔·식당·영화관, 흑인이 입학할 수 없는 학교, 심지어 급수대조차 흑인용과 백인용이 따로 있었다. 지금 기준으로 보면 말도 안 되는 일 같지만 이를 정당화하는 나름의 논리는 있었다. '백인들만 따로 있고 싶다는 권리도 존중되어야 한다', '흑인이 갈 수 있는 곳도 많으니 거길 이용하면 된다'는 것이었다.

셜리는 흑인이지만 전국 투어를 다닐 정도로 유명한 피아니스트고 집에는 금은보화가 가득 있는 부자다. 반면 토니는 백인이지만 셜리의 차를 모는 운전기사고 가족의 생계비도 제대로 벌지 못하는 가난한 노동자다. 흑인도 피아노만 잘 치면 성공할 수 있는 세상이 된 것이다. 호텔이나 레스토랑 이용이 불가능한 것도 아니다. "그린 북"의 안내에 따라 흑인도 갈 수 있는 시설을 이용하면 된다. 흑인이 갈 수 없는 곳이 있다는 점에서는 여전히 불합리했지만 이는 당시 미국 대법원에 의해 "분리되었지만 평등 원칙

separate but equal doctrine"으로 정당화되었다.

영화를 보다 보면 누구나 셜리가 겪는 부당함과 그의 분노에 공감하게 된다. 물론 셜리는 다른 식당에서 밥을 먹을 수 있었고 멀리 떨어진 곳에 가서 용변을 해결할 수 있었다. 이렇게 대체 수단이 있으니 괜찮을 걸까? 아마 이 영화를 본 그 누구도 '어쨌든 밥은 먹었으니까 괜찮다', '용변을 해결했으니 됐네'라고 생각하지 않았을 것이다. 누구나 이 상황을 '부당하다'고 여겼을 것이다. 그 부당함의 근원에 바로 '차별은 왜 나쁜가'에 대한 답이 있다. 당사자가 아니더라도 누구나 눈살이 찌푸려지고 거부감이 든다. 이 감각의 실체를 파악할 수 있다면 차별의 부당함과 해악의 본질에 좀 더 가까이 다가설 수 있을 것이다.

흑인 차별은 나쁘고
노키즈존은 괜찮다?

한국에서도 분리와 평등의 문제가 종종 화제가 되곤 한다. 아이 동반 가족의 출입을 금지하는 노키즈존 음식점·카페, 동남아시아인의 출입을 막는 클럽, 코로나19 때 중국인 출입을 금지했던 음식점, 최근에는 노인의 회원 가입을 거절한 스포츠 클럽이 문제가 된 적도 있다. 연령, 인종, 국적 등으로 누군가의 출입을 금지하는 것이니 차별이라고 봐야 하지만 세간의 인식은 꼭 그렇지 않다. 노키즈존 허용 여부를 묻는 설문조사에서는 늘 찬성 의견이 다수다. 2023년 2월 한국리서치의 조사에 따르면, 무려 73퍼센트가 노키즈존을 허용해야 한다고 응답했다. 2019년 엠브레인 트렌드모니터의 조사에 따르면, 노키즈존에 대해 전체 응답자의 69.2퍼센트가 "차별의 문제는 아니다"라고 답했고 78.6퍼센트가 "업주의 자유"라고 답했다. 영업을 하는 사장님이 손님을 선택할 자유가 있다는 것에 많은 사람이 공감하고 있는 것이다. 〈그린북〉의 셜리에게 공감하던 사람들은 왜 노키즈존에 대해서는 정반대의 입장을 갖게 되는 것일까?

노키즈존은 괜찮다고 하는 사람들은 아마 노키즈존은 흑백 분리와는 다르다고 말할 것이다. 하나하나 따져보자. 개인의 사적 영업장에서 영업의 자유가 보장되어야 한다는 사람들이 많지만, 1960년대 미국의 흑인 차별도 사실 공공기관이 아니라 사적 영업장에서 일어난 일이다. 실제로 식당 출입 금지에 항의하는 셜리에게 식당 매니저는 이렇게 말한다. "죄송하지만 오랜 전통이라서요." 영업의 자유가 그렇게 중요하다면 셜리가 받은 부당함에 분노할 이유가 없다.

또 다른 이들은 인종차별은 인종을 이유로 한 불합리한 차별이지만 노키즈존은 나름의 이유가 있기 때문에 다르다고 항변

할 것이다. 아이들이 너무 시끄럽다거나 아이들에게 위험한 공간이라든가 하는 이유 말이다. 하지만 이건 정당한 근거가 되기 힘들다. 모든 아이가 다 떠드는 것도 아닌데 모든 아이의 출입을 일률적으로 금지한다는 것은 불합리한 일이고, 아이들에게 위험하다면 어른, 특히 노약자에게도 위험할 수 있다. 아이들만 콕 집어 들어오지 말라고 하기보다 모두가 안전한 시설을 갖추는 것이 합당한 일이다.

차별의 고유한 해악

노키즈존과 관련한 난제를 풀기 위해서는 결국 '차별이 왜 나쁜가'라는 질문에 대한 답을 찾아야 한다. 대중이 혼돈을 겪는 것도 결국 차별의 해악이 무엇인지에 대한 논점을 놓치고 있기 때문이라고 생각된다. 차별에 관한 강의를 할 때 이런 질문을 던지곤 한다. "차별은 나쁜 것인가요?" 물어보나 마나다. 다들 한목소리로 "차별은 나쁘다"고 답한다. 다음 질문으로 바로 넘어간다. "차별은 왜 나쁜가요?" "차별은 왜 금지되어야 하나요?" 자신 있게 답했던 첫 번째 질문과는 달리 다들 머리가 복잡해진다. 차별이 나쁘다는 것은 너무나 자명한 일이라 굳이 그 이유에 대해 고민해보지 않았던 걸까? 차별은 당연히 나쁜 것이고, 나쁘니까 금지되어야 하고, 법이 차별을 금지하니까 나쁜 것이라는 식의 순환논법에 빠지기도 한다. "평등한 기회를 누릴 권리를 침해하기 때문입니다"라는 정도의 얘기가 나오면 그래도 논의가 조금 더 진전될 수 있다. 그런데 이것만으로는 부족하다. 평등한 기회를 누리지 못하면 어떤 문제가 생기는 것일까? 어떤 문제가 있기에 우리는 그토록 차별이 나쁘다고 이야기하고 차별을 금지하고자 하는 것일까?

폭력, 사기, 부정부패 등 세상에는 온갖 종류의 나쁜 행위 또는 바람직하지 않은 행동이 있다. 그중에서 차별을 별도의 범주로 분류하여 특별한 조치를 하자고 하는 이유는 차별이 다른 범죄적 행위들과는 나쁜 이유가 다르고 그에 따라 특별한 조치를 취해야 하기 때문이다. 그래서 차별이 왜 나쁜지를 좀 더 자세히 분석해볼 필요가 있다. 차별에는 그 특유의 부당함wrongness과 개인적·사회적·집단적 해악harm이 있다는 것이 중요하다. 간단한 예를 한번 생각해보자.

> 사례1. 시민1은 노란 옷을 입었다는 이유로 치킨 가게 출입을 제지당했다.
> 사례2. 시민2는 무슬림 여성의 복장인 히잡을 착용했다는 이유로 치킨 가게 출입을 제지당했다.

언뜻 보기에 둘 다 문제라고 할 수 있지만 사례1은 차별이 아니다. 시민1도 굉장히 억울하고 화가 날 것이다. 너무나 먹고 싶었던 치킨을 먹지 못했기 때문이다. 그것도 노란 옷을 입고 있다는 어이없는 이유로 말이다. 그런데 이건 생각만큼 그렇게 심각한 문제는 아니다. 만약 노란 옷을 입었다는 이유로 치킨을 못 먹은 친구가 분노하고 있다면 어떤 해결책을 제시해주면 좋을까? "파란 옷을 입고 가서 먹으면 되잖아", "다른 치킨 가게에 가서 먹어", "치킨 말고 피자 먹지 그래", "우리 집에 가자. 내가 치킨 만들어줄게" 등 쉽게 해결할 수 있는 방법이 수없이 많다. 노란 옷을 입었다는 이유로 치킨을 먹지 못했다는 것은 시민1에게 억울한 일이지만 손쉽게 해결될 수 있는 문제이기도 하다. 치킨 가게 주인이 무슨 이유에서 노란 옷 손님을 사절했는지는 알 수 없지만 그냥 가게 주인의 독특한 취향이겠거니 하고 넘어가면 된다. 인구 대비 가장 많은 치킨 가게를 보유하고 있는 대한민국에서 특정 치킨 가게 출입을 금지당했다는 것은 그리 심각한 문제가 아니다.

사례2는 느낌이 좀 다르다. 사례1이나 사례2 모두 어떤 복장으로 인해 출입을 제지당했다는 점에서는 공통점이 있지만 사례2는 다르게 느껴지는 부분이 많다. 노란 옷 친구한테 해주었던 조언을 히잡 친구한테도 그대로 해줄 수 있을까? "파란 옷을 입고 가서 먹으면 되잖아", "다른 치킨 가게에 가서 먹어", "치킨 말고 피자 먹지 그래", "우리 집에 가자. 내가 치킨 만들어줄게". 이제 히잡을 썼다는 이유로 치킨을 못 먹은 시민2의 마음이 풀릴 수 있을까? 집에 가서 직접 치킨을 튀겨주겠다는 친구의 마음 씀씀이가 고마울 수는 있겠지만 시민2의 억울함과 분노는 전혀 풀리지 않을 것이다.

노란 옷과 히잡이 다른 이유

그럼 시민2는 무엇 때문에 그토록 화가 났던 것일까? 시민2의 억울함과 분노가 무엇인지 하나하나 따져보다 보면 우리는 '차별의 해악', 즉 차별이 나쁜 이유를 파헤칠 수 있게 될 것이다. 히잡을 썼다는 이유로 출입을 제지한 행위가 어떤 문제인지 알 수 있다면 우리가 왜 그런 행위를 차별이라고 부르고 법으로 금지해야 하는지 좀 더 분명하게 알 수 있다.

시민1에게 중요한 것은 치킨 자체였다. 그래서 어떻게든 치킨만 먹을 수 있다면 문제는 해결될 수 있었다. 하지만 시민2의 억울함과 분노는 결코 치킨 때문이 아니다. 그렇기 때문에 치킨을 먹게 해주거나 치킨보다 맛있는 피자를 권해봐야 마음이 풀리지 않는다. 시민2는 아마도 자신의 종교를 상징하는 복장을 하고 있다는 이유로 치킨 가게 출입을 제지당했다는 것 자체가 너무나 당혹스럽고 화났을 것이다. 시민2는 그 순간 어떤 모멸감을 느꼈을 것이다. 사회 구성원으로서 정당한 대우를 받지 못했다는 느낌 말이다.

실제로 차별의 피해자들은 차별을 당했을 때 인격적 모멸감이나 수치심 또는 모욕·비하·멸시당하는 느낌이 들었다고 말한다. 결코 간단한 문제가 아니다. 더 나아가 이런 일이 앞으로 또 일어날 수도 있다는 불안감과 공포감을 느낀다. 다른 치킨 가게에서도 똑같은 이유로 출입을 제지할지 모른다는 생각, 치킨 가게뿐만 아니라 피자 가게에서도, 아니 세상의 모든 곳에서 히잡을 쓴 자신을 환영하지 않을지도 모른다는 불안과 공포에 휩싸이게 되는 것이다. 거리를 걷다 보면 시민2의 히잡을 힐끔 쳐다보는 사람들이 있었는데, 그게 실은 경멸과 모욕의 시선이었다는 것을 새삼 의식하게 된다.

노란 옷과 히잡이 다른 이유는 히잡은 종교적 복장으로 노란 옷처럼 임의로 오늘 아침 선택해서 입고 나온 것이 아니기 때문이다. 히잡은 자신의 종교이자 정체성의 일부이기도 하다. 그렇기에 노란 옷을 입은 사람은 친구의 조언에 따라 파란 옷으로 갈아입고 유유히 치킨을 사 먹을 수 있겠지만 히잡을 착용한 사람은 치킨을 먹기 위해 다른 옷을 입는다는 것이 선택지가 될 수 없다. 히잡을 썼다는 이유로 치킨 가게 출입을 제지당했다는 것은 자신의 정체성을 부정당한 것이나 다름없기 때문이다.

사회적 영향은 어떨까? 차별은 특정한 집단에 대한 부정적인 편견이나 고정관념에 기반을 두고 있다. 편견과 고정관념은 머리와 마음속에 머물 때는 그 자체로 별문제를 일으키지 않지만 하나둘 말과 행동으로 드러나기 시작하면 엄청난 파급효과로 이어진다. 윤리적 결단에 따라 편견을 억누르고 있던 사람도 주위에서 너나 할 것 없이 차별을 말하고 실행에 옮기면 마음이 흔들리기 마련이다. 최소한의 심리적 장벽이 무너지고 편견과 고정관념을 자연스러운 것으로 받아들이게 되며 어느 순간 거리낌 없이 차별에 동참하는 자신을 발견하게 될 것이다.

차별을 적절히 규제하지 않으면 차별이 허용되는 '사회적 환경'이 조성되는 것이다. 노란 옷을 입은 사람의 출입을 금지하는 음식점이 하나 있다고 해서 노란 옷에 대한 편견이 조장될 리는 없다. 하지만 '히잡 출입 금지'라는 팻말을 내건 음식점이 있다면 문제의 양상이 완전히 달라진다. 그건 한편으로 '내 공간에 들어오지 말라'는 것이지만 다른 한편으로 '무슬림에게 이런 대우를 해도 좋다'는 것을 만천하에 공표하고 다른 사람들에게 동참을 호소하는 것이나 다름없다. 실제로 평소 무슬림을 좋아하지 않았지만 감히 무슬림의 출입을 금지하는 것은 상상도 못 했던 다른 떡볶이 가게 주인이 사례2를 보고 동일한 조치를 할 수 있다. 이렇게 차별이 확산되면 시민2는 히잡을 쓰고 있는 한, 어느 곳에 가서도 차별 당할 위험에 처하게 된다. 이렇게 되면 시민2는 시민으로서 평등하게 살아갈 권리 자체를 상실하게 된다.

그러니까 "저는 그냥 노란 옷이 싫어서요"라는 사장의 항변은 들어줄 만하지만 "무슬림에게 음식은 안 팔겠다는 거지, 다른 뜻은 없어요"는 결코 정당화될 수 없다. 이 대목에서 '의도'가 아니라 (사회적) '효과'가 차별 여부를 판단할 중요한 기준이 되어야 한다는 것이 다시 한번 확인된다. 그러니까 종교를 이유로 누군가를 구분하여 불이익을 주는 것은 단순히 취향의 문제가 아니다. 공공시설이나 공공 서비스는 말할 것도 없고, 개인 사업장이라고 해도 종교를 이유로 손님을 고를 자유는 허용되어서는 안 된다. 그 자유를 허용하는 순간 발생하는 사회적 해악이 너무나도 크기 때문이다.

차별의 해악은 여기에서 그치지 않고 더 심각한 폭력으로 이어지기도 한다. 차별은 어떤 집단을 무시하고 경멸하는 것에서 출발한다. 그러니까 차별은 그 집단이나 그 구성원의 의견이나 의사를 무시하는 것이다. 내가 어떤 사람의 의견이나 의사를 존중할 생각이 없고 내 맘대로 처분할 수 있다고 여길 때 폭력의 유혹에 빠지기 마련이다. 감히 나의 지시를 거부했으니 폭력으로라도 내 의사를 관철할 수 있다고 생각하는 것이다. 그래서 경멸받고 무시당하고 하찮은 존재로 대우받는 집단은 폭력에도 취약할 수밖에 없다. 종종 언론에 등장하는 혐오범죄hate crime 사건을 한번 살펴보시라. 혐오범죄 피해자들은 어김없이 차별을 당해온 피해자 집단의 구성원이다. 혐오범죄는 차별이 일상화되면서 벌어지는 가장 극단적인 폭력이다. 더 큰 폭력으로 확산되는 것을 막기 위해서라도 차별은 금지되어야 한다.

공존을 깨뜨리는 자유의 역설

흑백분리 정책과 노키즈존의 사례로 다시 돌아와 보자. 흑인들이 흑백분리가 차별이라고 주장했던 이유는 단순히 가고 싶은 레스토랑이나 호텔에 갈 수 없어서가 아니었다. 또한 흑인 출입이 허용되는 시설이 더 나쁘기 때문도 아니었다. 만약 그게 문제라면, 흑인도 갈 수 있는 더 맛있는 레스토랑, 더 시설 좋은 호텔, 더 좋은 교육을 제공하는 학교, 더 고급스러운 화장실이 마련된다면 문제가 해결된다. 예를 들어 셜리가 갈 수 없었던 실내 화장실보다 마당에 있는 화장실시설이 더 좋았다면 셜리는 흔쾌히 받아들일 수 있었을까? 입장을 거부당한 호텔 레스토랑에서 그 매니저가 "식당 입장은 안 되지만 음식을 호텔 방으로 가져다드릴 수 있습니다"라고 하면서 '더 편리한 룸서비스 제공'을 제안했다면 셜리는 모욕감을 느끼지 않았을까? 아닐 것이다. 셜리는 백인만 먹을 수 있는 맛있는 음식을 먹고 싶었던 게 아니라 백인에게는 출입을 허용하는 그 정책 자체가 모욕적이고 부당하다고 생각했을 것이다. 더 나아가 이러한 현실이 계속되는 한, 흑인에 대한 다양한 사회적 차별은 사라지지 않을 거라고 직감했을 것이다.

2010년대 후반 노키즈존 문제가 한창 사회적 문제가 되었을 때 나는 앞으로 어떤 일이 벌어질 것인지 예상할 수 있었다. 차별은 늘 같은 방식으로 진화하고 확대되기 때문이다. 무엇보다 노키즈존 정책을 취하는 곳이 확산될 거라고 봤다. 노키즈존은 영업의 자유를 위해서라면 연령뿐만 아니라 다른 사유로도 출입을 금지할 수 있다는 메시지를 던진 것이었기 때문이다. 또 하나, 노키즈존뿐만 아니라 고연령, 성별, 종교 등 다른 사유로 출입을 막는 사례도 늘어날 것이라고 전망했었다. 불행히도 상황은 예상대로 흘러갔다. 음식점과 카페뿐만 아니라 캠핑장, 헬스장 등 업종도 다양화되었다. 인천의 한 헬스장은 '아줌마 출입 금지'를 내걸었고, 65세 이상 고령자의 회원 가입을 제한한 스포츠 클럽 사례도 논란이 되었다. 이렇게 누구나 마음 편히 드나들었던 공간에서 점점 누군가를 배제하는 문화가 확산되고 있는 것이다.

나 역시 '자유'가 소중하다고 생각한다. 더 많은 자유가 보장되는 사회가 더 나은 사회라고 확신한다. 인류의 역사는 자유가 확대되어온 역사라고 믿는다. 하지만 어떤 자유는 다른 사람의 자유를 빼앗는다. 사회 구성원으로 자유롭고 평등하게 살 수 있고 내가 어떤 정체성을 가지고 있건 그로 인해 부당한 대우를 받지 않을 거라고 확신할 수 있을 때 우리는 우리의 자유를 공기처럼 누릴 수 있다. 그 자유를 파괴하는 것, 자유로운 공동체의 전제조건을 위협하는 것, 그것이 바로 차별이다.

사례

차별이 보이지 않는다는 이들에게

동성애를 반대한다는 사람들은 "성소수자가 무슨 차별을 받는다는 얘기냐? 한국에서는 동성애를 처벌하지도 않는다"라고 말한다. 구체적인 근거를 내놓는 경우도 있다. 국가인권위원회에 성소수자 차별에 관한 진정 건수가 거의 없고 외국과는 달리 한국선 폭력이나 차별 사례도 별로 없지 않느냐는 것이다. 이주노동자에 관한 차별도 마찬가지다. 실제 진정이나 소송 건수, 폭력 사례 등이 집계되지 않는다는 이유로 차별이 없다는 식으로 단정한다.

하지만 안 보이는 것과 실제로 없는 것은 완전히 다른 문제다. 성소수자는 공식적으로 가시화되거나 정책 수립을 위한 인구 집단으로 인정된 바가 없다. 인구주택총조사 등에서 성적 지향이나 성별 정체성에 대한 통계가 체계적으로 수집된 적이 없고 교육, 노동, 보건의료, 가족 등의 정책 수립을 위한 실태조사에 성소수자 관련 조사가 포함된 적도 없다. 혐오범죄처벌법이 없기 때문에 수사 당국에서 성소수자 대상 범죄 통계를 따로 집계하지 않는다.

다행히 참고할 만한 연구 보고서가 몇 편 있다. 2014년 국가인권위원회 연구용역 보고서 〈성적 지향·성별 정체성에 따른 차별 실태조사〉(연구 책임자: 장서연)에서는 청소년 성소수자 응답자 중 성소수자라는 이유로 교사 또는 다른 학생으로부터 괴롭힘을 당한 경험이 있다고 답한 응답자가 20.0퍼센트, 54.0퍼센트로 나타났지만 성소수자 문제로 상담 교사와 상담한 경험은 11.6퍼센트에 불과했다. 상담 의향이 있는 응답자는 13.5퍼센트에 불과했고, 상담을 꺼리는 이유는 "별로 도움이 안 될 것 같아서"(77.5퍼센트), "나를 이해해주지 않을 것 같아서"(77.5퍼센트), "상담자가 부모 등 보호자에게 알릴까 봐"(71.7퍼센트), "나를 고치려 들 것 같아서"(70.5퍼센트), "사생활이므로 상담자에게도 알리고 싶지 않아서"(60.7퍼센트), "상담자가 다른 학생들에게 소문낼까 봐"(54.9퍼센트) 등이었다. 2020년 국가인권위원회 연구용역 보고서 〈트랜스젠더 혐오차별 실태조사〉(연구 책임자: 홍성수)에서는 응답자의 65.3퍼센트가 지난 12개월 동안 트랜스젠더라는 이유로 차별을 경험한 적이 있다고 답했으나 직장에서 경험한 부당한 대우나 어려움에 "참거나 묵인했다"는 응답자가 93.9퍼센트에 달했다. 대응을 하지 않은 이유는 "내가 트랜스젠더인 것이 밝혀지기 때문에"(72.1퍼센트), "항의나 신고를 해도 변화가 없을 것 같아서"(41.0퍼센트), "항의나 신고를 하면 오히려 피해를 입을 것 같아서"(41.0퍼센트) 등이었다. 또한 성소수자에 대한 여러 조사·연구는 늘 성소수자에 대한 통계, 실태, 관련 정책의 부재를 지적해왔다.

2019년 국가인권위원회 연구용역 보고서 〈한국 사회의 인종차별 실태와 인종차별 철폐를 위한 법제화 연구〉(연구 책임자: 김지혜)에 따르면, 이주민을 대상으로 설문조사를 실시한 결과 인종, 민족, 피부색, 출신 국가, 국적, 문화적 차이, 말투(악센트), 한국어 능력 등으로 차별받았다는 응답이 각각 40퍼센트를 훌쩍 넘었다. 하지만 관련 기관에 신고하거나 이주민 단체와 상담했다는 응답은 16.2퍼센트, 15.7퍼센트에 불과했다. 차별에 대응하지 않은 이유로는 "달라질 것이라 생각하지 않아서"(57.8퍼센트), "어떻게 대응할지 몰라서"(45.3퍼센트), "보복이 무서워서"(23.0퍼센트), "통역이 없어서"(21.7퍼센트), "공정하게 대응해줄 것 같지 않아서"(18.0퍼센트), "알리고 싶지 않아서"(14.9퍼센트) 등을 꼽았다. 2023년 국가인권위원회 연구용역 보고서 〈임금체불 피해 이주노동자 실태 및 구제를 위한 연구용역〉(연구 책임자: 장안식)에서는 이주노동자의 90퍼센트가 임금체불 문제가 심각하다고 응답했고 임금체불을 당한 경험도 있다고 했으나 미등록 이주노동자의 3분의 1은 진정을 제기하지 못했다. 이유는 "해고 등 사업주로부터 불이익을 받을까 봐"(26.9퍼센트), "대응 방법을 몰라서"(20.4퍼센트), "도움받을 수 있는 기관을 몰라서"(12.9퍼센트) 순이었다. 2024년 국가인권위원회 연구용역 보고서 〈이주노동자 사망에 대한 원인 분석 및 지원체계 구축을 위한 연구〉(연구 책임자: 김승섭)는 이주노동자의 사망 현황과 원인에 대해 체계적인 통계를 전혀 갖추지 못하고 있다고 보고했다.

이쯤 되면 소수자들이 겪는 차별 실태의 양상을 어느 정도 파악할 수 있다. 성소수자와 이주자에 대한 차별은 심각한 수준이지만 처리 절차에 대한 신뢰 부족, 관련 정보 부족, 보복 우려 등으로 문제 제기조차 힘든 상황이라 신고되지 않은 '숨은 차별'이 많다고 할 수 있으며, 국가 차원의 대응도 매우 부실하다.

사정이 이런데도 차별이 없기 때문에 차별에 대한 정책이나 법이 불필요하다고 주장한다면 무지한 것을 넘어 무책임한 것이다. 겉으로는 신중해야 한다는 식으로 점잖게 말하지만, 차별의 현실을 보면 실상은 "심각한 차별 현실을 방치하자. 아무것도 하지 말자"는 말과 똑같다. 문제는 이런 허무맹랑하고 억지스러운 주장 때문에 입법이나 정책 추진에 번번이 제동이 걸렸다는 것이다. '반대가 있어 신중해야 한다'는 것이 표면적 이유였지만 의견으로서의 자격조차 없는 조악한 주장들을 두고 국가나 지방자치단체가 입법이나 정책을 주저한다는 것이 도대체 말이 되는 일인가?

　흥미로운 것은 주저하고 침묵하는 정치인들도 약속이나 한 듯 "성소수자 인권은 존중되어야 하지만……", "이주자 인권 보호도 중요하지만……"이라는 단서를 단다는 것이다. 원칙적 입장이라도 밝혔으니 다행일까? 아니다. 차별 문제가 제기된 지 이미 10여 년이 흘렀다. 구체적인 정책이나 입법으로 실행에 옮기지 않는다면 아무것도 안 하겠다는 적극적인 의지를 표명한 것으로 간주되어야 한다.

3장
차별을 정의하다

앞에서 차별의 해악에 대해 살펴보긴 했지만, 차별이 무엇인지 명확하게 정의하지는 않았다. 차별의 개념은 생각보다 복잡하다. 종종 인터넷 서점 검색창에 "차별"이라는 말을 넣어본다. 그런데 내가 생각하는 차별과 상관없는 책이 검색되는 경우가 적지 않게 있다. "마케팅 차별화의 법칙", "창의력으로 자신을 차별화하라", "남다른 가치를 만드는 차별화 경영" 등으로 말이다. 국어사전을 찾아보니, 차별이란 "둘 이상의 대상을 각각 등급이나 수준 따위의 차이를 두어서 구별함"이라고 정의되어 있다. 그러니까 사전적 정의로는 두 개 이상의 대상이 '다르기'만 하면 차별인 것이다. '차별화'라고 할 때는 다르기만 한 것이 아니라 비교해볼 때 '더 낫다'는 의미가 추가된다. 나도 이 책을 쓰면서 기존의 다른 책들과 '차별화'하기 위해 공을 들였다.

그런데 이 책에서 '차별'이라고 할 때는 그 자체로 '부당한' 차별을 뜻한다. 부당하기 때문에 법으로 금지해야 하는 차별 말이다. 내가 좀 더 좋은 상품을 만들어 차별화하는 것은 문제가 아니지만 이 책에서 말하는 차별은 중요한 사회문제이며 법으로 금지되어야 할 문제다. 그렇다면 이 책에서 말하려고 하는 부당하고 불법적인 차별은 무엇일까? 이것을 설명하기 위해서는 이미 확립된 법적 개념을 활용하는 것이 유용할 것 같다. 먼저 한국 헌법에서 차별을 규정한 부분을 살펴보자.

> 누구든지 성별·종교 또는 사회적 신분에 의하여 정치적·경제적·사회적·문화적 생활의 모든 영역에 있어서 차별을 받지 아니한다. (헌법 11조 1항)

우리 헌법은 다르게 대우하는 모든 것을 차별이라고 규정하지 않는다. "성별·종교 또는 사회적 신분에 의하여"라는 단서가 붙어 있음에 주목할 필요가 있다. 다소 길지만 국가인권위원회법의 차별 행위 개념도 살펴보자. 부가적인 설명을 제외하고 핵심적인 구절을 가져왔다.

"평등권 침해의 차별 행위"란 합리적인 이유 없이 성별, 종교, 장애, 나이, 사회적 신분, 출신 지역, 출신 국가, 출신 민족, 용모 등 신체 조건, 기혼·미혼·별거·이혼·사별·재혼·사실혼 등 혼인 여부, 임신 또는 출산, 가족 형태 또는 가족 상황, 인종, 피부색, 사상 또는 정치적 의견, 형의 효력이 실효된 전과前科, 성적性的 지향, 학력, 병력病歷 등을 이유로 한 다음 각 목의 어느 하나에 해당하는 행위를 말한다.

가. 고용과 관련하여 특정한 사람을 우대·배제·구별하거나 불리하게 대우하는 행위
나. 재화·용역·교통수단·상업시설·토지·주거시설의 공급이나 이용과 관련하여 특정한 사람을 우대·배제·구별하거나 불리하게 대우하는 행위
다. 교육시설이나 직업훈련기관에서의 교육·훈련이나 그 이용과 관련하여 특정한 사람을 우대·배제·구별하거나 불리하게 대우하는 행위
라. 성희롱 행위

인권위법이 규정하는 '차별 행위'에는 헌법처럼 성별, 종교 등의 '사유'가 나열되어 있고 고용·재화의 공급, 교육 등이라는

'영역'이 제시되어 있다. 즉 성별 등을 이유로 고용 등의 영역에서 누군가를 불리하게 대우하는 행위가 바로 차별인 것이다. 거꾸로 말해 성별 등의 이유가 없다면, 고용 등의 영역에서 벌어진 일이 아니라면, 차별에 해당하지 않는다. 뒤에서 자세히 설명하겠지만, 성별 등으로 나열된 것을 '차별금지 사유'라고 부르고 고용, 교육 등으로 제시된 것을 '차별금지 영역'이라고 부른다. 그러니까 차별의 개념을 간략하게 정리한다면 '차별금지 사유를 이유로, 차별금지 영역에서 누군가를 불리하게 대우한 것'이라고 할 수 있다. 이렇게 법으로 금지된 부당한 차별의 범위는 일상적 의미의 차별하고는 사뭇 다르다. 단순히 누군가를 다르게 대우했다고 해서 문제가 되는 것이 아니라 특정한 이유로 특정한 영역에서 불리한 대우를 할 때 부당한 차별이 되는 것이다.

모든 부당한 행위가
다 차별인 것은 아니다

이런 예를 한번 생각해보자.

사례1. 학생1은 대학 교수가 선풍기로 시험지를 날려 멀리 날아간 순서대로 성적을 부여하는 바람에 열심히 공부하고도 좋은 학점을 받지 못했다.

사례2. 학생2는 성소수자라는 이유로 학교에서 괴롭힘을 당해 학업에 집중할 수 없었고 결국 좋은 학점을 받지 못했다.

사례1과 사례2 중 어느 것이 차별이냐고 물으면 대부분 둘 다 차별이라고 답할 것이다. 사례2는 차별이 아니라 교육권 침해라고 답하는 사람도 있다. 예상과 달리 사례1은 차별이 아니고 사례2가 차별에 해당한다. 여기서 차별이 아니라고 해서 정당한 일이 되는 것은 아니라는 점을 염두에 둘 필요가 있다. 세상에는 차별은 아니지만 나쁜 일이 얼마든지 있다. 친구를 때리거나 물건을 훔쳤다면 당연히 나쁜 일이고 처벌되어야 한다. 그런데 차별은 아니지 않은가. 사례1 역시 분명 부당한 일이지만 차별은 아니다. 사례1의 교수는 성적을 정정해줘야 하고 징계를 받을 수도 있지만 차별을 한 것은 아니다. 학생1과 동일한 수준의 답안지를 냈지만 시험지가 멀리 날아간 덕분에 A^+를 받은 다른 학생에 비해 학생1은 차별을 받았다고 주장할 수도 있을 것 같다. 하지만 앞에서 살펴봤던 차별의 개념에 따르면 성별, 인종 등의 차별금지 사유를 '이유'로 해서 불이익을 당해야 차별이 되는 것이다. 시험지가 덜 날아갔다고 좋은 학점을 받지 못하는 것은 차별금지 사유로 불이익을 당한 것이 아니다.

반면 사례2에서 동성애자라는 이유로 괴롭힘을 당한 것은 '성적 지향'이나 '성별 정체성'이라는 차별금지 사유 때문에 발생한 일이다. 즉 동성애라는 성적 지향을 갖지 않았다면 괴롭힘을 당하지 않았을 것이고, 이성애라는 성적 지향을 가진 학생에 비해 불리한 대우를 받은 것이다. 그래서 차별이 성립하는 것이다.

둘 다 나쁜 사례인데 굳이 하나는 차별이고 하나는 차별은 아니라고 구분하는 이유는 단지 차별이 더 나쁘기 때문만은 아니다. 그보다는 어떤 사안들을 '차별'이라는 범주로 묶어서 분류하고 대응할 필요가 있기 때문이다. 사례1은 유별난 교수의 기행에 가까울 뿐 사회적 문제라고까지 하기는 어렵다. 그냥 이 교수를 징계하면 된다. 피해자 입장에서도 마찬가지다. 학생1은 어쩌다가 저런 황당한 경험을 하게 되었다. 운이 정말 나빴다. 하지만 이런 불운이 반복될 가능성은 거의 없다. 취업을 하거나 공공시설을 드나들 때 "내 시험지는 선풍기로 잘 안 날아가는 편인데"라는 걱정을 할 필요까진 없다. 그냥 그 특정 학교의 특정 교수의 수업을 들은 게 불운했을 뿐이다.

반면 성소수자라는 이유로 불이익을 겪은 것은 사안의 성격이 완전히 다르다. 성소수자가 직장이나 학교, 일상생활에서 겪는 불이익에 대해서는 이미 수많은 근거 자료가 있다. 2014년 〈성적 지향·성별 정체성에 따른 차별 실태조사〉에 따르면 동성애자·양성애자 응답자 중 "직장 동료들이 성소수자라는 사실을 알고 있다"고 답한 사람은 14.8퍼센트에 그쳤고 그중 41.7퍼센트가 "직장 내에서 괴롭힘을 당한 경험이 있다"고 답했다. 2020년 〈트랜스젠더 혐오 차별 실태조사〉에서는 트랜스젠더 응답자의 20.5퍼센트가 "집을 떠나기 전에 모욕적인 말이나 행동에 대비하려고 노력한다"고 답했고 전체 응답자의 85.2퍼센트가 "지난 1년 동안 차별 경험이 있다"고 했다. 2년 동안 우울증으로 진단받거나 치료받은 사람이 무려 57.1퍼센트, 공황장애의 경우는 24.4퍼센트로 나타났다. 진정 건수가 적은 이유를 찾는 것도 어렵지 않았다. 직장에서 부당한 대우나 어려움을 겪었지만 "참거나 묵인했다"고 답한 응답자가 93.9퍼센트였고, 그 이유로 신고나 대응을 하면 "내가 트랜스젠더인 것이 밝혀지기 때문에"라고 답한 경우가 무려 72.1퍼센트나 됐다.

따라서 학생2의 사례는 단순히 운이 나쁜 것이 아니다. 성소수자가 언제 어디서든 겪을 수 있는 일을 당한 것이다. 그렇다면 대응 방향이 달라야 한다. 괴롭힌 사람만 처벌할 것이 아니라 괴롭힘의 구조적 문제를 파악하고 재발 방지 대책을 세워야 한다는 뜻이다. 그 특정 대학은 물론이고 교육부 차원의 대책도 필요하다. 교육 영역에서만의 문제도 아니다. 성소수자라는 이유로 학교에서 괴롭힘을 당했다면 회사에서는 그럴 가능성이 없을까? 일상적

삶의 모든 영역에서 발생할 수 있는 일이라는 점에 주목해야 한다. 이것이 바로 사례2를 '차별' 문제로 분류해서 대책을 세워야 하는 이유다. 학생2의 피해 자체도 구제되어야겠지만 차별은 그 이상의 사회적 문제다. 차별을 사회적 문제로 보고 대책을 강구하지 않는 한, 제2의 학생2는 계속 나올 것이다.

차별을 판단하는 기준, 차별금지 사유

이미 눈치챘을지도 모르지만, 사례1과 사례2가 다른 이유는 차별금지 사유의 유무다. 사례1은 그냥 불이익을 준 것이고 사례2는 차별금지 사유의 일종인 '성적 지향'이나 '성별 정체성'을 이유로 불이익을 준 것이다. 우리는 이미 여러 종류의 차별금지 사유를 살펴봤다. 무슬림 거부 사례에서는 '종교', 흑인 거부 사례에서는 '인종', 대학 내의 괴롭힘 사례에서는 '성적 지향', 노키즈존 사례에서는 '연령'이 바로 차별금지 사유다. 이러한 사유로 누군가에게 불이익을 준다면 차별의 고유한 '해악'이 발생하기 때문에 우리는 이러한 사안들을 차별이라는 범주로 묶어서 대응하는 것이다. 뒤에서 자세히 살펴보겠지만 차별금지 사유는 개인의 정체성identity과 관련 있고 그 사유로 구분되는 집단이 존재한다. 그러니까 차별을 금지하는 이유는 누군가가 그가 가진 정체성 때문에 부당한 일을 겪지 않도록 하기 위해서라고 봐도 좋다. 차별금지 사유는 역사적 진보에 따라 그 목록을 조금씩 확대해왔고, 개별 국가의 상황에 따라 세부 목록에는 차이가 있다.

다시 정리를 해보자. 일상적 의미의 차별은 두 대상을 다르게 대우하는 것을 말한다. 하지만 '부당한 차별', '불법적 차별'이란 차별금지 사유를 이유로 해서 차별금지 영역에서 불리한 대우를 한 경우를 말한다. 이러한 차별은 사회적으로 용인될 수 없으며 개인에게 그 해결을 맡겨서도 안 된다. 즉 공적 개입이 필요하다. 이 책에서 말하는 차별은 이러한 의미의 차별이다.

4장
어떤 차별이 있는가

다소 긴 설명이 필요했지만, 차별은 한마디로 인종, 성별 등의 차별금지 사유를 이유로 '불리하게 대우'하는 것을 말한다. 그런데 불리하게 대우하는 방법은 생각보다 다양하다. '차별의 여러 형태', 즉 '차별의 종류'에 관한 이야기다.

직접 차별: 가장 뚜렷한 차별의 형태

누군가를 불리하게 대우한다고 해서 반드시 부당한 것은 아니다. 예를 들어 좋은 답안을 낸 학생에게 90점을 주고, 부족한 답안을 낸 학생에게 80점을 주는 것이 차별이라고 할 수는 없다.

그런데 만약 똑같은 수준의 답안을 적어냈는데, 백인 학생에게는 90점을 주고 아시아인 학생에게는 80점을 줬다면 그것은 차별이다. 성적을 부여할 때 고려해서는 안 되는 사유인 '인종'을 이유로 불이익을 줬기 때문이다. 이렇게 인종 등의 차별금지 사유를 이유로 직접적으로 부당한 대우를 하는 행위를 '직접 차별direct discrimination'이라고 한다. 한국 헌법에는 그냥 '차별'이라고 적혀 있고 법률(국가인권위원회법)에는 "특정한 사람을 우대·배제·구별하거나 불리하게 대우하는 행위"라고 좀 더 자세히 규정되어 있다.

직접 차별은 차별 행위의 원형이지만 차별에 대한 문제의식이 높아지면서 점차 줄어드는 추세다. 한국에서는 1970~80년대만 해도 '용모 단정한 20대 초반의 미혼 여성 급구'라는 채용 광고를 흔히 볼 수 있었다. 결혼이나 임신을 했다는 이유로 직장을 그만두는 여성도 수두룩했다. 두말할 것도 없는 직접 차별이다. 하지만 오늘날에는 이렇게 명시적이고 직접적인 차별은 점차 사라지고 있다. 차별을 금지하는 법률이 제정되고 차별에 대한 감수성이 높아졌기 때문일 테다.

간접 차별: 외견상 중립, 결과적 차별

점차 노골적인 직접 차별은 줄어든 반면 좀 더 교묘하고 은밀한 형태의 차별이 나타나기 시작했다. 그중 하나가 '간접 차별 indirect discrimination'이라는 용어로 개념화되었다. 오늘날 간접 차별은 직접 차별과 함께 차별의 대표적인 두 유형으로 간주된다.

간접 차별은 '외견상'으로는 중립적인 기준이 제시되지만 '결과적'으로 특정 집단에게 차별이 되는 경우를 말한다. 외견상 중립적이기 때문에 차별로 인지하기 어렵다. 차별 의도가 은폐되기 쉽고 차별을 입증하기도 쉽지 않다. 2015년의 사례다. 세무직 공무원 시험에는 회계학 계산 문제가 출제되는데, 통상 수험생들은 공백에 필기를 해가며 계산을 한다고 한다. 그런데 필기 장애가 있는 장애인A가 자신은 스스로 필기를 할 수 없으니 다른 사람이 대신 필기를 할 수 있게 해달라고 요청했다(이른바 메모 대필). 하지만 시험관리기관은 시험관리 규정에 위반된다는 이유로 이를 불허했다.

이것은 차별일까? 시험관리기관은 장애인에게 직접적으로 불리한 규정을 시행한 바가 없다. 메모 대필은 수험생 모두에게 평등하게 금지된다. 하지만 국가인권위원회는 메모 대필을 불허하는 것이 '결과적'으로 필기 장애인에게 불리한 대우를 하는 것이기 때문에 차별이라고 봤다. 이것을 바로 '간접 차별'이라고 부른다. 시험관리 규정 자체는 중립적인 기준이고 장애인을 직접 차별하지는 않지만 결과적으로 장애인에게 불이익을 주었기 때문에 간접 차별에 해당한다는 것이다. 물론 메모 대필을 허용하면 그 장애인에게 더 유리해진다거나 스스로 필기를 해서 계산하는 것이 회계학 과목 시험의 주된 목적이라면 얘기가 다르겠지만, 그게 아니라면 메모 대필을 허용하지 않을 이유가 없다는 것이 인권위의 판단이었다.

또 다른 사례를 보자. 어떤 회사에서 여성 승진 대상자 두 명은 모두 승진에서 탈락했고 남성 승진 대상자는 네 명 가운데 세 명이 승진했다. 이 회사가 여성이라는 이유로 승진을 시키지 않은 것은 아니었기 때문에 직접 차별은 아니다. 하지만 이 회사는 여성은 전원 영업지원직에, 남성은 모두 영업관리직에 배치했고, 승진을 위한 인사 평가는 영업관리직에 유리하게 되어 있었다. 이렇게 영업관리직에 유리한 인사 정책 자체는 직접 여성을 차별한 것이 아니지만(외견상 중립), 여성 전원을 영업지원직에 배치한 이 회사의 인사구조 탓에 '결과적으로' 여성이 차별을 받았다고 할 수 있다. 결국 중앙노동위원회는 이 회사의 조치가 성별을 이유로 한 간접 차별이라고 판단했다.

최대한 간단한 사례를 들어보려고 했지만 직관적으로 이해가 잘 안 가는 분도 있을 것이다. 실제로 간접 차별을 인정받기는 결코 쉽지 않다. 노골적으로 차별을 한 것이 아니기 때문에 변명의 여지도 많고 입증도 쉽지 않다. 실제로 그동안 인권위, 중앙노동위원회, 법원 등에서 간접 차별로 인정된 사례는 매우 드물다. 하지만 간접 차별은 차별금지 운동의 중요한 성과다. 교묘하고 우회적인 차별을 일삼는 기관들의 행태와 싸우다가 간접 차별을 차별의 한 형태로 인정받게 된 것이다. 유럽연합의 평등 지침들, 해외 주요 국가들의 차별금지법에도 간접 차별은 차별의 한 형태로 명시되어 있으며, 한국법에도 남녀고용평등법에 간접 차별 조항이 있다.

괴롭힘과 성희롱도 차별이다

한 회사의 K부장은 틈만 나면 성희롱 발언을 일삼아서 직원들의 불만이 많다. "여자는 이래서 문제다"라는 식의 여성 비하적 발언을 하기도 하고 여직원의 몸매나 옷차림에 대한 품평도 서슴지 않는다. 참다못한 직원들이 항의를 했지만 K부장은 쉽게 물러서지 않았다. "내가 언제 여성 직원에게 불이익을 준 적 있어? 그냥 딸 같아서 충고를 해준 것뿐이잖아."

학교에서 강의할 때도 자주 사용하는 사례인데, 수강생들에게 K부장의 변명에 대해 뭐라고 답하면 좋을지 묻곤 한다. 차별에 대한 전문 지식이 없는 수강생들도 정답을 곧잘 맞힌다. "부장님, 그렇게 말씀하시는 것 자체가 차별입니다." 그렇다. K부장의 발언도 성희롱이자 성차별에 해당한다. 회사에서 여성 비하적인 발언이 난무하거나 여성을 성적 대상화한 사진이 공공연하게 전시된다면 그 회사의 여성 직원들은 고통스러울 것이다. 그런 이야기를 들을 때마다 불쾌하고, 스트레스를 받고, 어찌해야 할지 고민해야 하고, 회사 가기가 싫어진다. 성희롱은 sexual harassment를 번역한 말인데, '성적 괴롭힘'이라고 했다면 그 의미가 좀 더 분명했을 것 같다.

그런데 괴롭힘의 이유는 성적인 것이 아닐 수도 있다. 실제로 다른 사유를 이유로도 성희롱과 똑같은 방식의 괴롭힘이 있을 수 있다. 예를 들어 대학에서 공공연하게 동성애자를 비하하는 발언이 공표되거나 동성애자들에게 위협적인 교육 환경이 조성된다면 그 대학의 동성애자 학생은 불이익을 겪게 된다. 동성애자가 아니었다면 받지 않아도 될 고통과 스트레스를 동성애자라는 이유로 감내해야 하는 것이다. 이것 또한 차별의 한 형태로서 괴롭힘harassment이라고 불린다. 즉 인종, 출신 지역, 종교, 성적 지향, 성별 정체성 등을 이유로 불이익당하는 것도 괴롭힘에 해당한다.

세계적으로 성희롱과 괴롭힘이 차별의 한 형태인 법적 개념으로 인정된 것은 1980년대 이후다. 한국에서는 1993년 서울대 S교수 사태가 판결을 통해 성희롱이 인정된 최초 사례였다. 현재 유럽연합의 평등 지침들, 해외 주요 국가의 차별금지법에도 괴롭힘과 성희롱은 차별의 한 형태로 명시되어 있다. 한국 법에도 남녀고용평등법과 양성평등기본법에 성희롱을 금지하는 조항이 있다. 성희롱이 성차별의 한 형태이기 때문에 성차별을 금지하는 법에 성희롱 관련 조항이 있는 것은 자연스러운 일이다.

더 복잡해진 차별의 유형들

직접 차별, 간접 차별, 성희롱, 괴롭힘 외에도 최근에는 다른 형태의 차별이 새롭게 개념화되고 있다. 실제로 복합 차별, 오인 차별, 차별 지시 등을 차별의 한 형태로 간주하고 법제화한 나라들이 있다. 복합 차별combined or multiple discrimination은 두 가지 사유가 결합되어 차별을 한 경우를 말한다. 예를 들어 흑인이자 여성이어서 차별을 당한 경우, 이주자이자 장애인이어서 차별을 당한 경우와 같이 두 가지 이상의 사유가 복합적으로 차별의 이유가 될 때가 있다. 복합 차별을 개념화하는 이유는 차별 판단을 좀 더 용이하게 하기 위해서다. 흑인이라는 이유로 차별당했음을 입증하려면 비교 집단인 비흑인에 비해 불이익을 당했음을 입증해야 하고, 여성이라서 당한 차별을 입증하려면 남성에 비해 불이익이 있었다는 점을 입증해야 한다. 하지만 둘 다 입증이 어려울 때가 있다. 그런데 흑인이 아닌 남성에 비해 흑인 여성이 불이익을 겪었다는 것은 입증이 쉬운 경우가 있다. 복합 차별 개념은 이럴 때 유용하다. 흑인 여성의 입장에서는 이 셋 중 하나만 입증하면 차별을 인정받을 수 있다. 영국 평등법과 독일 일반평등대우법에도 복합 차별 규정이 있다.

'오인 차별'은 차별을 하는 사유와 관련하여 '오인'이 있었던 경우다. 일례로 어떤 회사에서 신입 사원을 뽑는데 지원자의 성과 이름을 보고 중동계임을 추정하여 탈락을 시켰다고 하자. 그런데 나중에 알고 보니 그 지원자는 중동계가 아니었다. 중동계를 차별하려고 했는데, 엉뚱한 사람을 차별한 것이다. 이것이 오인 차별이다.

'차별 지시 instruction to discriminate'는 차별을 하도록 지시하는 것도 차별에 해당한다는 것이다. 그 지시가 이행되지 않았더라도 지시하는 것 자체가 차별로 간주된다는 의미가 있다. 유럽 평등지침과 독일 일반평등대우법에도 차별의 한 형태로 명시되어 있는 사안이다.

'차별 표시·암시'는 차별의 의도를 표시하는 순간 차별에 해당한다는 것이다. 예를 들어 어떤 식당이 '동남아시아인 출입 금지'라고 써 붙이는 순간 차별이 성립한다. 실제로 동남아시아인의 출입이 제지되었는지 여부와 무관하게 그런 문구를 써 붙인 것 자체가 차별이다. 캐나다 인권법에 관련 규정이 있다.

직접 차별로 시작된 차별은 그 형태가 점점 복잡하고 다변화하면서 종류도 계속 확대되어왔다. 이러한 다양한 형태의 차별을 개념화하고 법에 명시해온 과정 자체가 차별에 대한 대응이 진보해온 역사라고 할 수 있다. 차별의 다양한 형태가 법으로 개념화됨으로써 사람들은 차별이 무엇인지 명확히 인식할 수 있게 된다. 그리고 자신이 당한 불이익이 차별에 해당한다고 주장하며 관계 기관에 권리 구제를 호소할 수 있다. 앞으로 지금까지 생각하지 못했던 차별이 계속 가시화될 것이다. 우리는 새로운 법적 개념으로 수용하고 권리 구제의 가능성을 확대하려는 노력을 멈추지 말아야 한다.

> 쟁점

차별 대상을 적시할 것인가, 원인을 규정할 것인가

차별이 소수자를 보호하기 위해서 발달한 개념이라는 것은 누구나 잘 아는 사실이다. 그런데 앞에서 설명한 차별의 개념에는 소수자가 누구인지 적시되어 있지 않다. 성소수자 차별이라는 말이 많이 쓰이지만 사실 이 차별을 정의할 때는 '성적 지향이나 성별 정체성을 이유로 불리한 대우를 하는 행위'라고 한다. 이렇게 개념 정의를 하게 된 데에는 몇 가지 이유가 있다.

1979년에 제정된 "모든 형태의 여성 차별 철폐에 관한 협약"이나 1987년 제정 당시 남녀고용평등법은 '여성'에 대한 차별을 금지한다고 규정했다. 아동권리협약(1989), "모든 이주노동자와 그 가족의 권리 보호를 위한 국제협약"(1990), "장애인의 권리에 관한 협약"(2006) 등의 국제 규범에도 각각 아동, 이주노동자, 장애인에 대한 차별을 금지한다고 명시되어 있다. 한국의 장애인차별금지법은 장애인을 법의 보호 대상으로 명시하고 있고 흔히 "비정규직 차별금지 관련 법"이라고 불리는 파견근로자보호법과 기간제근로자

보호법은 기간제 근로자, 단시간 근로자, 파견 근로자 등 특정 집단을 법의 보호 대상으로 명시하고 있다.

하지만 최근의 차별금지 관련 법에는 소수자 집단이 명시되지 않는다. 대신 3장에서 설명한 차별금지 사유를 활용하여 차별 개념을 규정하는 것이 보통이다. 국제 인권 규범들도 마찬가지다. 세계인권선언(1948)에는 "인종, 피부색, 성, 언어, 종교, 정치적 또는 기타의 견해, 민족적 또는 사회적 출신, 재산, 출생 또는 기타의 신분"(2조)에 의한 차별을 금지한다고 되어 있으며, "시민적 및 정치적 권리에 관한 국제규약"(1966) 2조, 26조와 "경제적·사회적 및 문화적 권리에 관한 국제규약"(1966) 2조에도 같은 방식으로 규정되어 있다. 한국 헌법 11조는 "성별·종교 또는 사회적 신분"에 의한 차별을 금지한다고 규정하고 있고, 국가인권위원회법, 남녀고용평등법, 연령차별금지법 등 차별 관련 법에서도 성별, 연령 등의 차별금지 사유를 이유로 차별을 금지한다고 규정되어 있다. 남녀고용평등법은 1987년 제정 당시에는 여성을 특정하여 차별 개념을 정의했지만 1989년과 2001년 개정을 통해 여성 대신 "성별, 혼인 또는 가족상의 지위, 임신 등"의 사유로 차별 관련 조항을 규정하는 것으로 변경되었다.

이것은 차별의 대상을 어떤 소수자 집단으로 특정할 것인가, 아니면 일종의 중립적 개념 규정을 사용할 것인가의 문제라고 할 수 있다. 예를 들어 성차별 개념을 '여성에 대한 부당한 대우'라고 정의하면 여성만 대상이 되지만 '성별을 이유로 한 차별'이라고 하면 여성과 남성 그리고 트랜스젠더 등도 대상이 될 수 있다. 최근에는 차별금지 사유를 활용하여 차별 개념을 정의하는 것이 일반화되었다. 그 이유는 정확히 알려진 바가 없지만, 여러 역사적, 정치적, 사회적 맥락을 고려해본다면 소수자 집단을 특정하는 것이 적절치 않다는 판단이 점차 우세해졌을 것이라고 추론해볼 수 있다.

차별금지법제가 발달하게 된 계기는 특정 소수자 집단에 대한 차별을 금지하기 위한 것이었지만 소수자 집단이 누구인지는 시대 변화와 구체적 상황에 따라 달라질 수 있다. 예를 들어 구한말에 기독교에 대한 탄압이 극심했을 때는 기독교인이 소수자 집단이었다. 그렇다고 차별금지법제에 '기독교인에 대한 차별을 금지한다'고 규정하는 것은 적절하지 않다. 당대에는 기독교 차별이 문제였지만 사회 변화에 따라 그 대상이 달라질 수 있기 때문이다. 실제로 근대화가 되면서 기독교에 대한 노골적인 탄압은 사라졌다. 대신 요즘 한국에서 주로 문제가 되는 것은 이슬람 등 소수 종교에 대한 차별이고 불교에 대한 차별을 호소하는 경우도 종종 있다. 이 모든 변화는 불과 100년도 안 되는 기간 동안 이루어진 것이다. 이렇게 세상이 빨리 변하는데 법으로 일부 소수자 집단을 특정하는 것은 적절치 않다. 차별받을 수 있는 특정 종교를 선별하기보다 그냥 '종교를 이유로 한 차별을 금지한다'고 정의하면 된다. 남녀고용평등법의 경우에도 여성에 대한 차별을 금지하기 위해 제정된 것이고 지금도 그 취지는 유효하지만 1989년 "성별을 이유로" 한 차별을 금지한다고 규정하는 것으로 변경되었다. 남성도 남녀고용평등법상 차별 피해자로 구제를 받을 수 있고 실제로 남성이 차별의 피해를 입었다며 법의 구제를 받는 경우가 있다.

학계에서는 이것을 차별금지법상 보호 대상의 '대칭성symmetry' 문제라고 한다. 차별금지 사유를 통해 차별을 정의하는 이유가 차별금지 사유를 이유로 차별받는 두 집단(또는 복수의 집단)을 '동등하게' 또는 '균형 있게' 보호하기 위한 목적인지를 묻는 것이다. 쉽게 말해 남녀고용평등법상의 차별 개념에서 "여성"이 "성별을 이유로"라는 문구로 바뀐 것은 남성과 여성을 동등하게 보호하기 위한 목적일까? 이 쟁점은 뒤에서 '역차별', '다수자에 대한 차별' 문제를 다룰 때 좀 더 자세히 살펴보기로 하자.

일단 확실한 것은 역사적으로 다수자였던 집단에 대한 차별도 '법개념상' 배제할 수 없다는 점이다. 예를 들어 미국에서 인종차별을 당하는 집단은 주로 흑인이었으나 아시아인, 히스패닉 등 다른 소수자 집단, 심지어 백인에 대한 차별도 드물지만 발생하는 상황에서 차별을 정의할 때 흑인만을 특정할 수는 없을 것이다. 마찬가지로 성차별의 피해를 당해온 집단은 여성이었고 성차별 관련 법제를 발전시켜온 것은 여성들의 투쟁이었지만 남성에 대한 차별도 발생하고 있는 현실에서 이를 법개념에서 배제할 수는 없다. 더 나아가 성별을 이유로 한 차별이 생물학적 남녀의 대립 구도에서만 발생하는 것이 아니라 어느 한쪽 성별에 속하지 않는다는 이유로 차별당하는 트랜스젠더 등 성소수자에게도 발생할 수 있다는 점에서도 법개념을 여성 집단이라고 특정하는 것은 문제가 될 수 있다.

물론 차별 관련 법이 다수자와 소수자를 '균형적으로' 보호하는 것을 목적으로 한다고 보기는 어렵다. 여전히 한 사회에서 주로 차별받는 소수자 집단은 있다. 남성 차별도 보고되지만 여전히 여성 차별이 압도적으로 많으며, 기독교 차별도 차별이 될 수는 있지만 이슬람에 대한 차별과 비할 바는 아니다. 미국에서 백인 차별도 가끔 보고되지만 흑인 차별과 비교될 수 있는 수준은 아니다. 소수자에 대한 차별은 구조적이고 고착화되어 있어서 차별금지 정책의 주된 대상이 소수자여야 한다는 것에는 이견의 여지가 없다.

5장
차별금지 사유

성별, 종교, 장애, 나이, 사회적 신분, 출신 지역(출생지, 등록 기준지, 성년이 되기 전의 주된 거주지 등을 말한다), 출신 국가, 출신 민족, 용모 등 신체조건, 기혼·미혼·별거·이혼·사별·재혼·사실혼 등 혼인 여부, 임신 또는 출산, 가족 형태 또는 가족 상황, 인종, 피부색, 사상 또는 정치적 의견, 형의 효력이 실효된 전과, 성적 지향, 학력, 병력

이 목록의 공통점은 무엇일까? 타고난 개인의 특성? 어느 정도 맞는 답이다. 출신 국가, 인종, 피부색, 출신 지역 등은 타고난 것이다. 개인의 의지로 바꿀 수 없다는 특징도 있다. 하지만 이 목

록 중에는 타고난 것이 아닌 것들도 있다. 태어난 이후에 장애가 생기는 경우도 있고 혼인 여부, 임신 또는 출산, 전과 등도 타고난 것이 아니다. 아예 종교나 사상 또는 정치적 의견처럼 자신의 의지로 선택할 수 있는 것들도 있다. 선택이 가능하긴 하지만 그렇다고 마음대로 바꿀 수 있는 것은 아니다. 좋건 싫건 자기 정체성의 일부가 된 것이고 쉽게 벗어날 수도 없는 것들이다. 그렇다면 개인의 정체성에 관련되어 있는 사회적으로 존중받아야 할 개인의 특성 정도로 정의하는 것이 적당해 보인다.

뒤에서 자세히 살펴보겠지만, 이 목록을 흔히 '차별금지 사유' 또는 '차별 사유'라고 부른다. 유럽이나 미국에서는 '보호받는 속성protected characteristics'이라는 용어가 널리 사용된다. 차별을 정의할 때 이 목록은 매우 중요하다. 차별이 될 수 있는 이유나 근거가 되기 때문이다. 차별금지 사유는 다른 나쁜 행위들과 차별을 구분하는 중요한 척도가 된다. 즉 회사에서 동료 직원을 이유 없이 괴롭히는 것도 문제지만 그 동료 직원이 여성이라는 이유로, 흑인이라는 이유로, 동성애자라는 이유로, 임신을 했다는 이유로 괴롭혔다면 '차별'이 된다. 전자를 '직장 내 괴롭힘'(근로기준법), 후자를 '차별적 괴롭힘'이라고 구분해서 말하기도 한다.

차별금지 사유는 일종의 '경고등' 역할을 한다. 예를 들어 사람을 채용하거나 입학시킬 때 성별, 인종, 장애 등을 묻는 것은 극도로 조심해야 한다. 이것이 입학 원서나 채용 원서에 기재되는 순간 또는 사정 과정에서 이를 묻는 순간 차별로 이어질 가능성이 생기기 때문이다. 흔히 말하는 '블라인드 테스트'의 핵심은 바로 이러한 요소들을 가려서 차별이 발생할 가능성을 원천 차단하는 것이다. 차별금지 사유가 채용이나 입학의 기준이 아니라는 뜻이다. 회사에서는 일 잘하는 사람을 뽑으면 되는 것이지, 인종을 구분할 필요가 없다. 학교에서는 공부를 잘하는 인재를 뽑으면 되는 것이지, 그 학생이 장애를 가졌는지 여부에 관심을 가질 이유가 없다. 그럼에도 인종, 성별, 장애를 이유로 누군가에게 이익이나 불이익을 준다면 차별이 된다.

차별금지 사유라는 '경고등'

그렇다면 차별금지 사유는 어떻게 정해지는 것일까? 앞에서 제시했던 목록은 국가인권위원회법이 규정한 총 19가지의 차별금지 사유다. 나는 몇 년 전 차별금지 사유가 정해지는 원리에 관심을 갖고 다음과 같은 기준을 제시했었다.

먼저 차별금지 사유로 구분되는 집단은 상당 기간 차별받아왔고 지금도 차별받고 있는 소수자 집단이다. 성별, 장애, 성적 지향…… 머릿속에 바로 떠오르는 소수자 집단이 있다. 사실 소수자

표제	내용
소수자 집단	차별금지 사유로 구분되는 집단은 상당 기간 차별받아왔고 지금도 차별받고 있는 소수자 집단이다.
합리적 이유의 부재	차별금지 사유는 고용, 교육, 재화·용역의 이용·공급 등에서 고려되어야 할 합당한 이유가 있는 유의미한 요소가 아니다.
비자발적 요인	차별금지 사유는 생물학적, 태생적, 사회적 요인으로 인해 어떤 사람의 정체성을 구성하는 일부가 된 것으로서 여기에는 사실상 선택의 여지가 없거나 상당한 제한을 받는다.
인간 존엄 훼손과 차별 조장의 효과	차별금지 사유로 부당하게 구분하는 것은 인간 존엄을 훼손하고 차별을 조장하는 효과를 낳는다.

〈차별금지 사유의 의의〉

에 대한 차별금지 문제가 먼저 논의되었고 이를 규범화하는 과정에서 차별금지 사유라는 개념이 제시되었다. 두 번째, 차별금지 사유는 고용이나 교육 그리고 거래 등에서 고려되어야 할 합당한 이유가 없는 사유다. 채용을 할 때 인종을 가릴 이유가 없고, 교육을 할 때 성별을 고려할 이유가 없으며, 거래 상대방이 동성애자인지는 거래에 있어 유의미한 요소가 아니다. 그런데 이렇게 합당한 이유가 없는 요소로 누군가에게 불이익을 준다면 그것이 바로 차별이다. 세 번째는 비자발적 요인에 의해서 누군가의 정체성이 된 요소라는 것이다. 앞의 목록을 보면 생물학적, 태생적, 사회적 요인 등으로 인해 어떤 사람의 정체성의 일부가 되었다는 점을 알 수 있다. 선택한 것이 아니거나 선택에 상당한 제한이 있는 특성들이다. 예컨대 종교는 개인이나 집단의 중요한 정체성이다. 물론 선택할 수 있고 바꿀 수도 있다. 하지만 개종은 쉬운 일이 아니고 강요할 수도 없다. 무슬림이라는 이유로 차별을 겪는 사람한테 "종교를 바꾸면 되잖아"라고 말할 수 없다는 말이다. 마지막으로 차별금지 사유를 이유로 불이익을 당하는 것은 인간 존엄의 훼손을 초래한다. 차별금지 사유는 개인이나 집단의 정체성과 관련되어 있기 때문에 이를 이유로 불이익을 당한다면 '인간'으로서 존중받지 못한다는 느낌을 받게 된다는 점에서 다른 부당한 대우와 구분된다.

**성적 지향과 성별 정체성이
차별금지 사유인 이유**

실제로 차별금지 사유는 앞의 네 가지 기준을 고려하여 정해진다. 차별금지법을 제정한 나라별로도 구체적인 목록은 다소 차이가 난다. 성별, 종교, 장애, 나이, 성적 지향, 임신 여부, 혼인 여부 등은 거의 모든 나라가 차별금지 사유로 두고 있지만 언어, 전과, 노조 가입 여부 등의 사유는 나라별로 조금씩 다르다. 보편적인 사유도 있지만, 개별 국가의 특성에 따라 중요하게 여기는 사유가 조금씩 다를 수 있다. 한국에서도 차별 관련 법령을 제정할 때 무엇을 빼고 넣을지를 놓고 논쟁이 벌어지곤 한다. 하지만 앞의 기준을 활용한다면 논란을 최소화할 수 있다.

어떤 사람들은 성적 지향과 성별 정체성이 차별금지 사유에서 제외되어야 한다고 주장한다. 동성애는 선택되는 것이고 자신의 의지로 또는 치료로 바꿀 수 있다는 이유다. 동성애가 선천적이냐 후천적이냐의 논쟁과도 관련되어 있다. 생명·의학계의 논의는 대략 동성애에 영향을 주는 선천적 요인이 있는 것은 분명하지만 그렇다고 선천적 요인이 동성애를 결정짓는 것은 아니라는 쪽으로 정리되고 있다. 의지로 극복할 수 있는 문제도, 치료로 바꿀 수 있는 문제도 아닌 것으로 간주된다. 여기서 의학적인 논의를 더 깊게 들어갈 수는 없지만 분명한 것은 성적 지향이 어떤 사람의 정체성을 구성하는 중요한 일부라는 사실이다. 다른 사람이 바꾸라고 할 수도 없고 자신의 의지로 바꿀 수 있는 문제도 아니다. 그 누구도 차별을 겪고 있는 동성애자에게 "이성애자로 바꾸면 차별받지 않을 텐데"라고 권하거나 강요할 수는 없다. 바로 이 지점에만 동의할 수 있어도 성적 지향이 차별금지 사유가 되는 데에는 아무런 문제가 없다.

성별은 어떨까? 많은 사람이 성별은 타고난다고 생각하지만 실상은 생각보다 복잡하다. 태어나면 산부인과 의사가 출생증명서에 성별을 적어주고 그에 따라 출생신고를 하면 법적 성별이 정해지고 그 성별에 따라 평생 살아가는 것이 보통이지만, 그렇지 않은 경우도 적지 않다. 출생신고로 법적 성별이 일단 정해졌다고 해도 성장하는 과정에서 자신의 성별을 다르게 인식하는 사람들이 있다. 예컨대 지정 성별은 여성이었는데 나중에 스스로를 남성이라고 인식하는 것이다. 이를 트랜스젠더라고 부른다. 사정이 이런데도 성별이 타고난 것일까? 여기서 성별 정체성이 타고난 것인지 아닌지를 더 따질 필요는 없다. 중요한 것은 다른 사람이 함부로 바꾸라고 할 수 없고, 자신의 의지로 바꿀 수도 없는 개인의 고유한 정체성으로 존중될 수 있는지 여부다. 여기에만 동의한다면 성별 정체성 역시 차별금지 사유가 되는 데 손색이 없다.

결국 차별금지 사유를 정할 때 선천성은 중요한 요소가 아니며, 변경 또는 선택 가능성도 협소하게 해석되면 안 된다. 선택과 변경이 가능한지 여부가 아니라 선택과 변경에 상당한 제한이 있고 그것을 사회가 강요할 수 없다는 점이 중요하다. 변경이나 선택 가능성을 너무 좁게 해석할 경우 엉뚱한 결론이 도출될 수도 있다. 만약 인종을 바꾸는 의학 기술이 나온다면 인종은 차별금지 사유에서 제외되어야 할 것이다. 본인의 선택에 의해 인종을 바꾸는 것이 가능해졌으니 말이다. 앞에서 제시한 목록을 보면 사실상 '선택'이 가능한 사유들도 적지 않다. 사회적 신분, 혼인 여부,

임신 또는 출산, 가족 형태 또는 가족 상황, 종교·사상 또는 정치적 의견, 형의 효력이 실효된 전과, 학력 등이 그러하다. 그런데 설사 선택 가능하다고 하더라도 그것을 이유로 차별을 감내하라고 할 수 있을까? 예를 들어 고졸 학력을 이유로 차별을 겪는 사람들에게 "너의 선택이었으니 참아라"라고 할 수 있을까? 임신한 사람이나 이혼한 사람, 국적을 바꾼 사람, 어떤 정치적 의견을 가지고 있는 사람에게 그 선택을 이유로 차별을 받는 것이 당연하다고 말할 수는 없다.

변화하는 사회, 확대되는 차별금지 사유

헌법에는 성별·종교 또는 사회적 신분 등 세 가지 차별금지 사유가 규정되어 있고 법률에는 19가지가 나열되어 있다.

일찌감치 차별금지법을 제정한 국가들은 10개 내외의 차별금지 사유만을 두고 있는 경우가 많다. 그렇다고 차별금지법의 포괄 범위가 좁은 것은 결코 아니다. 예컨대 차별금지법상 차별금지 사유로 '인종 race' 하나만 규정되어 있어도 실제로는 출신 국가, 출신 민족, 인종, 피부색, 국적 등에 따른 차별을 금지하는 것으로 해석된다. '성별 sex'에 따른 차별을 금지하면 혼인 여부, 임신 또는 출산, 가족 형태 및 가족 상황, 용모 등에 따른 차별도 대부분 성차별로 간주될 수 있다. 즉 규정된 차별금지 사유의 종류가 적다고 포괄되는 범위가 좁고, 많다고 그 범위가 넓어지는 것이 아니다. 대표적인 차별금지 사유를 몇 가지만 나열하고 해석에 맡길 것인지, 아니면 한국처럼 구체적으로 차별금지 사유를 조목조목 나열할 것인지는 선택의 문제일 뿐이다. 한국처럼 차별금지의 전통이 짧은 나라라면 되도록 자세히 규정하여 무엇이 금지되는지를 분명히 제시하는 편이 나을 것이다. 어차피 예시적 나열이며 해석에 맡기는 것도 가능하지만 국민에게 정확히 어떤 사유로 차별하면 안 되는지를 알릴 필요는 있다.

세계적으로도 차별금지 사유를 자세히 규정하는 추세다. 사회의 변화와 발전에 따라 '이 사유로 차별하지 말라'는 경고등을 켜야 할 일이 늘어나고 있는 것이다. 1966년 당시 사회권규약은 아홉 개의 차별금지 사유를 규정했지만 오늘날에는 변화된 상황을 반영하여 유엔 공식 문서(일반 논평)에 의해 여덟 개 사유가 추가되었다. 2000년에 입안된 유럽연합기본권헌장은 14가지 사유를 규정한다. 최근에는 헌법에 아예 차별금지 사유를 자세히 나열하는 경우도 늘고 있다. 2000년대 이후 헌법을 제정하거나 개정한 국가들은 10개 이상의 차별금지 사유를 두고 있는 것이 보통이며 볼리비아(2009)와 코트디부아르(2016) 그리고 에콰도르(2015) 헌법에는 20개 내외의 차별금지 사유가 규정되어 있다. 2018년 문재인 대통령이 발의한 헌법 개정안에도 헌법상 차별금지 사유를 일곱 개로 늘리는 방안이 제시되어 있다. 차별금지 관련 법률을 기준으로 보면 유럽 국가들은 대개 20개 내외의 차별금지 사유를 두는 것이 일반적이며, 슬로바키아, 슬로베니아, 세르비아처럼 30개가 넘는 차별금지 사유를 두는 경우도 있다. 한국에서도 새로 제정될 차별금지법에 성별 정체성, 유전 정보, 국적, 고용 형태, 문화, 언어, 경제적 상황, 사회적 지위, 직업, 노조활동 등을 추가하자는 제안이 있다.

> **사례**

학력은 개인의 선택이니 정당한 차별이다?

2021년 교육부는 차별금지법안에 오를 차별금지 사유 중 '학력學歷'에 대해 '신중 검토' 의견을 냈다. "학력 차별은 합리적 차별로 보는 경향이 강하다"면서 "학력은 성, 장애처럼 선천적으로 결정되는 부분이 아니라 개인의 선택과 노력에 따라 상당 부분 성취의 정도가 달라진다"는 설명도 덧붙였다. 교육부는 나중에 이 의견을 철회했지만, 한국에서 학력이 얼마나 민감한 문제인지를 보여주는 사건이었다.

먼저 학력이란 교육기관에서 학습 과정의 이수, 학위 취득, 수학 경력, 특정 교육기관의 졸업·이수 여부 등을 뜻한다. 그렇다면 학력 차별이란 뭘까? 예컨대 대학의 학습 과정을 이수하지 않았다는 이유로 부당한 대우를 하거나 명문대를 졸업하지 않았다고 불리한 대우를 하는 것이 바로 차별이다. 그런데 교육부는 학력은 개인이 선택하고 노력해서 얻은 것이기 때문에 학력으로 다르게 대우하는 것은 합리적인 차별이라고 봤던 것이다. 아마 적지 않은 사람이 교육부의 입장과 비슷한 생각을 하는 것 같다.

하지만 학력은 학생 선발이나 사원 채용 시에 적격자를 가리기 위한 불가피한 요소가 아니며, 오히려 부당한 불이익을 줄 수 있는 요소다. 실제로 현재 대학 입시의 수시전형(학생부종합전형)에서는 지원자의 출신 고교를 가리고 평가를 한다. 이른바 블라인드 평가를 하는 것이다. 특목고나 영재고를 나온 학생이 대체로 우수하다고 알려져 있지만 반드시 그런 것은 아니고 오히려 잘못된 편견이 반영될 수도 있다. 일반고를 나온 학생 중에도 얼마든지 우수한 학생이 있을 수 있기 때문이다. 일반고를 나왔다는 이유만으로 불이익을 당한다면 그것이야말로 부당한 차별이 될 수 있다. 평가에 필요한 여러 자료를 참조하면 얼마든지 좋은 인재를 선발할 수 있기 때문에 굳이 출신 학교를 보고 평가를 할 필요가 없는 것이다.

회사도 마찬가지다. 한 언론사는 기자 채용 시 대졸자로 한정되어 있던 학력 제한을 없앴지만 신입 기자 선발에 아무런 문제가 없었다고 한다. 다만 서류, 필기시험, 면접 등 다양한 평가 요소를 도입해야 하기 때문에 약간의 부담이 더 들긴 했지만, 대졸자가 아닌 사람 중에서 우수한 인력을 뽑을 수 있는 기회가 되어서 조직에는 오히려 득이 된다고 한다.

대학에서 교수를 채용할 때는 흔히 박사학위를 요구하는데, 이것도 생각해볼 여지가 있다. 굳이 박사학위가 없어도 훌륭한 연구자이자 교육자로서의 자질을 가지고 있을 가능성이 얼마든지 있기 때문이다. 이를 평가할 수 있는 방법이 있는데 굳이 박사학위 취득 여부를 조건으로 걸어야 할지 의문이다. 조금 더 복잡한 문제도 있다. 법학전문대학원(로스쿨) 진학을 대졸자로 한정하거나 의사 국가시험에 의과대학 졸업을 요구하는 것은 어떻게 봐야 할까? 로스쿨의 경우 대학에서 교육받았다는 것을 전제로 하여 대학원 수준의 전문 법 교육을 하는 것으로 설계된 곳이기는 하지만 그런 자격을 갖춘 이가 반드시 대졸자여야 하는지에 대해서는 생각해볼 여지가 있다. 다만 대학 졸업이 어렵다면 문제가 될 수 있지만 학점은행제, 독학사, 평생교육진흥원, 방송통신대 등 진입 장벽이 높지 않으면서 대졸 자격을 충분히 취득할 수 있는 다양한 제도가 있기 때문에 고졸자가 응시할 수 없다고 해서 무조건 차별이라고 보기는 어려운 부분이 있다. 변호사 시험에 로스쿨 졸업을 요건으로 하거나 의사 국가시험에 의과대학 졸업을 요건으로 하는 것도 문제가 될 수 있지만 이것은 로스쿨이나 의과대학이 다른 사교육이나 독학으로 대체하는 것이 사실상 불가능한 실무교육을 제공하고 있다는 점에서 정당화될 수 있다. 변호사나 의사의 자격은 '시험만'으로 검증하는 것이 아니라 로스쿨과 의과대학에서 일정한 교육을 이수했다는 것을 전제로 하기 때문이다. 하지만 만약 로스쿨과 의과대학이 그렇게 대체 불가능한 실무교육을 충실히 제공하고 있지 못하다면 학력 요건은 부당한 요건이 될 수도 있을 것이다.

사례

형이 실효된 전과자는 차별 해서는 안 된다?

2025년 대선에서 국민의힘 김문수 후보는 차별금지법은 범죄 전과자까지도 차별해서는 안 된다고 규정하고 있다면서 "이 법대로라면 조두순이 초등학교 수위를 한다고 해도 막으면 차별이 될 수 있다"고 주장했다. 개혁신당 이준석 후보는 TV 토론에서 권영국 후보에게 "차별금지법에서 전과가 있는 사람은 기본권이 제약돼야 하는 것인가"라고 묻기도 했다. 차별금지법이 전과자 차별을 금지하는 부당한 내용을 담고 있음을 지적한 것이었다. 인터넷에서도 전과자 차별을 금지한다는 것에 거부감을 가진 반응이 자주 보인다.

현행 국가인권위원회법과 차별금지법에서 규정한 차별금지 사유는 정확히 "형이 실효된 전과"다. "형의 실효 등에 관한 법률"에 따르면, "수형인이 자격 정지 이상의 형을 받지 아니하고 형의 집행을 종료하거나 그 집행이 면제된 날부터" 일정한 기간이 경과되면 "그 형은 실효된다"고 규정하고 있다(7조). 3년을 초과하는 징역·금고는 10년, 3년 이하의 징역·금고는 5년, 벌금은 2년이 지나면 형이 실효된다. 형이 실효되면 수형인 명부에서 삭제되며 범죄경력 조회를 해도 나오지 않는다. 취업이나 자격 취득 등에서 소위 '전과자'라고 불이익을 겪는 일은 없다는 얘기다. 이렇게 하는 취지는 전과자의 정상적인 사회 복귀를 위해서다(형의 실효 등에 관한 법률 1조). 범죄를 저질렀으면 형벌을 받아야 하고, 그 이후에도 일정한 기간 동안 불이익을 겪는 것은 불가피하지만 일정한 시점이 되면 전과자라는 꼬리표를 떼고 사회생활을 할 수 있게 해야 한다. 차별금지법은 (형이 실효된) 전과가 있다는 이유로 불이익을 주는 것을 차별로 규정하고 있다.

다만 범죄의 성격에 따라 예외가 있다. 성범죄자의 경우 형의 집행이 종료되거나 유예·면제된 후에도 유치원, 초중고, 학원, 각종 청소년시설 등에 대한 취업이 최대 10년 동안 제한될 수 있다. 성범죄 사건을 판결할 때 법원의 판단으로 취업 제한 명령이 내려지는 것이다. 이는 성범죄의 특수성을 고려한 특별한 조치다. 차별금지 사유라는 것은 일단 그 사유로 불이익을 주는 것은 차별이 될 수도 있다는 얘기지, 어떠한 예외도 없이 무조건 차별이 성립한다는 의미가 아니다. 필요한 경우라면 예외적으로 불이익을 줄 수 있다. 현재 성범죄자의 취업 제한 명령은 "아동·청소년의 성보호에 관한 법률"에 근거하여 법원의 명령으로 필요한 사람에 대해서 엄격하게 시행되고 있다.

혹시라도 혼란이 있을까 봐 몇몇 차별금지법안(권인숙 의원 대표발의, 이상민 의원 대표발의, 박주민 의원 대표발의)은 아예 "다른 법률의 규정에 따라 차별로 보지 아니하는 경우"에는 차별로 보지 않는다는 규정을 두고 있다. 정확히 성범죄자 취업 제한에 해당하는 규정이다. 즉 차별금지법상 형이 실효된 전과에 대한 차별은 금지되지만 성범죄자 취업 제한 명령은 "아동·청소년의 성보호에 관한 법률"에 따라 차별이 아닌 것이다.

전과자에 대한 낙인이나 전과자에게 무분별한 불이익을 주는 것은 금지되어야 한다. 개인에 대한 차별이 될 수 있는 데다 전과자의 사회 복귀를 어렵게 하는 것은 사회 전체에도 바람직하지 않은 일이다. 전과가 있다는 이유로 취업도 못 하고 교육도 못 받는다면 사회 복귀는 더욱 요원해진다. 전과자가 사회 복귀를 못 하고 사회에서 배제된다면 그 사회는 더욱 위험해질 수 있다. 그래서 차별금지법은 전과를 차별금지 사유로 두고 있다.

6장 차별금지 영역

코로나19가 한창이던 시절, 집에서 하는 원격 강의가 일상화되었다. 나의 강의 주제는 대개 혐오와 차별이었는데, 강의할 때마다 초등학교 3학년인 첫째가 내 책상 밑에서 놀곤 했다. 그러던 어느 날 동생하고 싸우는 첫째를 혼냈는데, "아빠, 이건 차별이야"라고 말하는 것이었다. 무슨 소리냐고 물었더니, "동생하고 싸우면 항상 나만 혼나는 것이 바로 차별이라고!"라고 당당히 말하는 것이었다. 책상 밑에서 놀기만 하는 줄 알았더니, 나의 강의를 듣고 있었던 것이다. 아마 전국의 초등학교 3학년 중 우리 아이가 차별에 대해서는 가장 잘 알고 있는 게 분명했다!

그렇다. 똑같이 잘못했는데, 나이가 많다는 이유로 형만 혼내는 것은 분명 차별이다. 앞에서 설명한 차별 개념에 정확히 부합한다. 연령을 이유로 한 차별이며, 연장자인 형을 차별한 것이다. 그런데 이것은 법적 개념으로서의 차별에 해당하지는 않는다. 법은 세상의 차별 중에서 법으로 금지할 만한 차별만 금지하기 때문이다. 즉 법은 차별이 금지되는 영역을 한정하고 있다.

우리 가족 내의 분쟁을 '형을 혼내서' 해결하려는 아빠의 방침에 대해 국가적, 법적 개입이 필요하다고 생각하는 사람은 없을 것이다. 그렇게들 생각하는 이유는 바로 이 사안이 발생한 '영역' 때문이다. 공적 개입이 필요한 부당하고 불법적인 차별에 해당하려면 특정한 영역에서 발생한 일이어야 한다. 공적 개입이 효과적이고 정당하고 필요할 때만 그 개입이 정당화될 것이다. 그래서 세계의 차별금지법은 고용 영역, 재화와 용역의 이용이나 공급, 교육 등의 영역에서 발생하는 차별만 법으로 금지하고 규제한다.

개인적인 교류나 가족 내에서 발생하는 차별의 문제는 다르게 접근할 필요가 있다. 이런 영역에서도 차별을 해서는 안 되겠지만, 국가의 법이 개입하는 것은 효과적이지도 효율적이지도 않다. 첫째 아들에게는 이렇게 설명해주었다. "너의 문제 제기는 정당했어. 나이가 많다는 이유로 무조건 혼나는 것은 부당한 일이야. 아빠도 반성할게. 너도 형으로서 동생과 어떻게 사이좋게 지낼 수 있을지 고민해보렴." 우리는 가족회의를 열어 서로의 입장을 들어보고 화해하는 식으로 문제를 해결했다.

공적 영역과 사적 영역의 경계

그렇다면 어떤 영역에서의 차별을 법으로 금지해야 하는 것일까? 가장 우선적으로 생각할 수 있는 것은 '공적 영역'이다. 성별이나 인종을 이유로 주민센터 출입이 불허된다는 것은 말도 안 되는 일이다. 장애인에게 공공시설 접근권이 보장되어야 한다는 것에는 특별한 설명이 필요하지 않다. 공적인 권리를 누릴 때 또는 공적 자원을 배분할 때 차별하면 안 된다는 것은 자명한 일이다. 하지만 이 역시도 지난한 투쟁의 결과였다. 지금의 민주국가들도 성별, 인종, 재산 유무에 따라 선거권을 제한하지 않은 것이 불과 100년 정도밖에 안 되었다. 영주권자에게 투표권을 부여할 것인지, 이주노동자에게도 코로나19 재난 지원금을 지급할 것인지, 이주자의 자녀에게 무상교육을 제공할 것인지 같은 문제들은 공적 영역에서의 차별 문제가 여전히 진행 중임을 잘 보여준다.

그렇다면 사적 영역에서는 차별이 허용되어도 될까? 만약 어떤 회사에서 신입 사원을 채용할 때 여성 지원자만 감점을 한다면 어떨까? 그 회사의 경영 판단에서 나온 합리적인 결정이므로 존중되어야 하는 것일까? 공립이 아닌 사립대학에서 인종차별을 한다면 사립이니까 괜찮은 것일까? 이 문제는 당사자의 입장에서 생각해보면 간단하다. 취업 준비생의 입장에서 여성이라는 이유로 공무원 채용 시험에서 차별받는 것은 부당하고 사기업 채용 시험에서는 괜찮다고 생각할 수 있을까? 장애인의 입장에서 공공기관의 출입에 제약을 받는 것은 차별이지만 사적 시설의 출입에 제한을 받는 것은 감내해야 하는 일일 수 있을까? 대학 입시 수험생은 공립대학의 차별에는 분노하면서 사립대학의 차별은 괜찮다고 용인할 수 있을까?

영화 〈그린 북〉의 일화를 다시 떠올려보자. 영화를 본 사람들은 하나같이 셜리가 겪는 인종차별이 부당하다고 느끼지만 사실 셜리가 경험한 인종차별 사례 중 '공적 영역'에서 발생한 것은 경찰에 체포되었을 때 겪었던 부당한 대우밖에 없다. 그 외에 차별이 발생한 공연장, 호텔, 개인 주택, 음식점 등은 모두 개인이 소유하고 운영하는 '사적 영역'이었다. 만약 사적 영역에서는 서비스 제공자의 '자유'가 중요하고 그래서 차별을 하건 말건 우리가 상관할 바가 아니라면 셜리가 경험한 인종차별에 분노할 이유가 없다. 호텔·음식점 사장과 개인 주택 주인의 '자유'일 뿐이니까.

동성애자에게는 케이크를 팔지 않습니다

제과점 주인이 동성애자에게 케이크 판매를 거부하는 것은 가능할까? 전형적인 사적 영역에서의 차별 문제다. 최근 미국과 유럽에서 여러 차례 문제가 되고 소송이 걸렸던 사례다. 2012년 미국 콜로라도주에서 한 동성 커플이 결혼 축하 파티용으로 웨딩 케이크를 주문했지만 복음주의 개신교 신자인 제과점 주인은 주문을 받지 않았다. 일각에서는 동성애를 반대하는 종교적 신념에 따른 행위이므로 제과점 주인의 자유가 보장되어야 한다고 주장한다.

일단 성적 지향을 이유로 하는 케이크 판매 거부는 '차별금지법에 의해 금지되는 행위'다. 불특정 다수를 대상으로 케이크를 팔기로 했다면 성별, 종교, 연령, 장애, 성적 지향 등을 이유로 손님을 가려 받지는 말아야 한다. 슬리퍼를 끌고 편하게 가서 휴식을 취하는 동네 카페와 동네 제과점에서조차 '흑인이라서', '동성애자라서', '무슬림이라서' 출입을 거부당할 수 있다는 걱정을 한다면 과연 공동체 사회라고 할 수 있을까?

제과점 주인의 '자유'가 우선한다는 사람이 있다면 이렇게 되묻고 싶다. 불교도가 설립한 회사에서 불교도 사원만 뽑고 다른 종교로 개종한 사원은 해고한다면? 음식점에서 '첫 손님이 여자라면 장사가 안 된다'는 이유로 여성 손님을 돌려보낸다면? 택시 회사가 가톨릭 신자인 손님만 골라 태운다면? 집을 세놓을 때 '외국인 노동자에게는 세를 주지 않는다'고 광고한다면? 대학에서 장애인 편의시설을 갖추기 어렵다며 장애인 학생의 입학을 거절한다면?

이런 세상에서 살아가도 괜찮다고 여기는 사람은 별로 없을 것이다. 자유의 가치는 소중하지만 '차별해도 되는 자유'가 만드는 세상은 끔찍하다. 이것은 특정한 음식점에 들어갈 수 없다거나 어떤 회사에 취업할 수 없다는 것 정도의 문제가 아니다. 케이크는 다른 제과점에서 구입해도 되고 취업할 데가 그곳만 있는 것도 아니지 않겠는가.

하지만 이렇게 차별이 아무렇지 않은 일이 된 사회의 모습을 상상해보자. 만약 '케이크 가게 주인의 자유'가 허용된다면 동성애자는 일상의 모든 영역에서 '동성애자에게도 허용되는지' 확인해야 한다. 나아가 이런 분위기가 확산되면 동성애자들은 '어디에선가 환영받지 못함'을 의식하고 살아야 한다. 성적 지향과 차별에 별다른 관심이 없던 시민에게 '동성애자를 거부할 수 있다'는 가능성을 알리고 해당 메시지를 전하는 셈이 된다. 이런 상황에서 "억울하면 다른 회사에 지원하라"거나 "다른 제과점에서 케이크를 사라"고 말할 수 있을까?

미국의 정치철학자 제러미 월드론 Jeremy Waldron은 혐오와 차별의 문제를 인간 존엄성의 차원에서 다룬다. 그 어떤 정체성을 지향하더라도 편견·차별·배제·적대당하지 않고 살아갈 수 있는 사회적 지위가 보장될 때 존엄한 존재로서 존중받는 것이며 사회구성원으로 온전한 '자격'을 가진 것이라고 말한다. 사회는 그런 지위와 자격에 대한 모든 이의 확신을 보장해야 한다. 차별을 금지한다는 것은 그러한 공존의 조건을 만드는 것이다.

법이 개입하는 '필수적인' 삶의 영역

이러한 공존의 조건을 만드는 과정에서 '공적 영역'과 '사적 영역'은 날카롭게 구분되지 않는다. 개인의 영업장이라고 해도 당사자가 느끼는 차별의 경험은 공공기관과 다르지 않다. 그리고 오늘날에는 사적 영역의 비중이 훨씬 넓다. 공무원이 되는 사람보다 일반 회사에 취업하는 사람이 훨씬 많고 공공시설보다 카페나 음식점에 갈 일이 훨씬 많다. 이러한 영역에서 차별이 무분별하게 자행된다면 공동체의 존속은 불가능할 것이다.

그렇다면 어떤 영역에서 차별을 금지해야 할까? 세계 각국의 차별금지법은 공공영역과 더불어 (1) 고용, (2) 재화와 용역의 이용이나 공급, (3) 교육 영역 등에서의 차별을 금지하는 것이 일반적이다. 한국 헌법 11조 1항은 "정치적·경제적·사회적·문화적 생활의 모든 영역에 있어서 차별을 받지 아니한다"고 규정한다. 헌법은 추상적인 이념을 담은 법이기 때문에 "모든 영역"에서 차별을 금지한다는 내용을 천명하고 있는 것이다. 반면 국가인권위원회법은 (1) 고용, (2) 재화 또는 용역의 공급·이용, (3) 교육 등 세 가지 영역에서 차별을 금지한다. 이 세 가지 영역은 공적 영역과 사적 영역으로 구분되지 않는다. 고용은 국가도 하고 사기업도 한다. 교육의 경우에도 공립대학도 있고 사립대학도 있다. 이 세 가지 영역을 '삶의 필수적인 영역'이라고 부르면 어떨까 한다. 고용되어 일하고, 재화와 용역을 사고팔고, 교육을 받는 것은 삶의 필수적인 요소이기 때문이다. 이 세 가지 영역에서 배제된다면 온전한 삶을 영위하기란 사실상 불가능할 것이다. 한편 개별 영역에서 차별을 금지하는 법도 있다. 남녀고용평등법, 기간제근로자보호법, 파견근로자보호법, 연령차별금지법 등은 고용 영역에서 차별을 금지하는 법이다.

차별이지만 법은 규제하지 않는 경우

법으로 규정된 영역 이외의 영역에서는 원칙적으로 차별이 금지되지 않는다. 하지만 차별이 허용된다는 의미라기보다는 법으로 차별을 금지하지는 않는다고 하는 것이 좀 더 정확하다. 앞에서 나의 첫째 아들이 제기했던 문제는 분명 차별이다. 연령 차별이자 형제 차별에 해당할 것이다. 하지만 이를 규율하는 법은 없다. 가정이라는 영역에서 벌어지는 문제는 자율에 맡겨져 있는 것이다. 덜 중요하거나 사소한 문제여서라기보다는 자율에 맡기는 것이 더 바람직하기 때문이다. 물론 가족 영역 내에서의 차별이 법으로 금지되는 경우도 있다. 예를 들어 상속분에 있어서 장자 우선이나 아들딸 차별은 금지된다. 1960년 이전에는 출가한 딸의 상속권이 전면 부정되었지만 1960년 이후에는 남자 형제 상속분의 4분의 1이 되었고 1990년 민법 개정을 통해 아들딸 구분 없이 모든 자녀가 동등한 상속권을 보장받게 되었다. 성평등 의식의 확산이 가족 내에서의 평등에도 영향을 미친 것이다.

종교도 원칙적으로 차별이 금지되는 영역은 아니다. 가톨릭에서는 여성 사제를 불허하고 개신교 일부 종파에서도 여성 목사 안수가 허용되지 않는다. 사회의 기준으로 보면 명백한 성차별이다. 하지만 우리 법에 종교 영역에서의 차별을 금지하는 내용은 없다. 종교계에서도 차별받는 당사자들은 절박하며 종교 내에서의 차별 문제는 결코 사소하지 않다. 다만 법이 나서서 공권력으로 집행하는 것으로 문제를 해결하는 것이 바람직하거나 효과적이라고 할 수 없을 뿐이다.

하지만 종교가 고용이나 교육에 관여하게 되면 얘기가 달라진다. 고용이나 교육에 관여되는 순간 그것은 더 이상 종교의 내부 문제가 아니다. 사회와 접점이 생기는 것이고 여기서부터는 법의 규율을 받아야 한다. 실제로 연세대나 이화여대, 동국대 등은 종교계에서 설립했지만 다른 종교를 가진 학생의 입학을 불허하지 않는다. 차별금지 사유에 해당하는 어떤 사유로도 학생의 입학을 제한하지 않는다. 가톨릭 의료기관인 성모병원에서 환자를 받을 때 종교나 성적 지향을 묻지 않는다. 학교나 병원의 설립 취지는 종교적이었지만 세속에서 해당 종교의 이념을 '구현'할 뿐, 수혜자들의 신앙을 따지진 않는 것이다. '주일은 쉽니다'라고 써 붙인 음식점에서도 종교에 따라 손님을 가려 받지는 않고 난민 반대 시위에 나간 카페 주인도 출입문에 '난민 출입 금지'라고 써 붙이지 않는다. 이것이 차별을 금지하여 공존의 조건을 만드는 방식이다.

사회의 변화, 종교의 변화

차별금지법 제정 논의가 한창일 때 여러 단체의 초청을 받아 강연을 했다. 개신교 단체들에도 자주 초청받아 갔었다. 차별금지법에 격렬히 반대하는 개신교 단체들이 주로 보이지만 사실 꽤 많은 곳에서 개신교의 이름으로 차별금지법을 반대하면 안 된다는 목소리가 있다. 너무나도 진지하게 나의 얘기를 들어주던 그분들의 모습이 지금도 생생하다. 그런데 그분들은 "차별금지법이 제정되어도 종교의 내부 문제를 직접 규제하기는 어렵습니다"라는 내 얘기에 조금 실망한 듯한 반응을 보이곤 했다. 아마 교단의 현실에 답답해하며 '법'이 무언가 해결해줄 거라고 기대했다가, 막상 법이 종교의 문제를 해결하지 못한다고 하니 조금은 낙담했던 것 같다. 나는 그럴 때마다 이 얘기를 꺼내곤 했다.

1950년대만 해도 여성 목사 안수를 허용한 한국의 개신교 교단은 거의 없었다. 하지만 지금은 상황이 전혀 달라졌다. 10개 주요 교단 중 여성 목사 안수를 허용하지 않은 곳은 세 곳뿐이고 이 세 곳에서도 변화의 조짐이 보이고 있다. 그동안 성차별을 금지하는 법과 정책이 시행되었지만 개신교의 여성 목사 안수에 적용할 수 있는 법은 없었다. 개신교 교단들이 여성 목사 안수를 허용하게 된 것은 아마도 세상이 그만큼 변했기 때문일 것이다. 아무리 종교라고 해도 세상의 변화에 눈감을 수는 없는 일이고 세상이 변한 만큼 종교도 느리지만 조금씩 발을 맞춰나가게 되는 것이다. 종교의 보수적인 성격을 감안하면 드라마틱한 변화가 일어난 것이다. 한국과는 달리 미국이나 유럽의 개신교 교단들은 동성애에 대해 입장을 전향적으로 바꾼 곳들이 다수다. 이 역시 동성애 차별금지법이 직접 적용된 것이 아니라 세상이 변한 만큼 종교도 움직인 것이다. 차별금지법이 종교 내의 여러 차별 문제에 직접 적용되는 것은 아니다. 하지만 세상에서 차별이 조금씩 사라진다면 종교 내의 여러 문제도 조금씩 해결되어갈 것이다.

결국 차별금지 영역을 정한 것은 일종의 전략적 선택이라고 할 수 있다. 모든 영역에서 차별을 철폐해야 한다는 것은 두말할 나위가 없다. 그래서 헌법에 모든 영역에서 차별을 금지한다고 대원칙을 규정한 것이다. 하지만 개별 법률에서는 영역을 한정하여 차별을 금지한다. 삶의 필수적인 영역을 중심으로 차별을 법으로 금지하되, 나머지는 법이 아닌 다른 방법으로 차별을 철폐해나가는 것이다. 개신교 주요 교단에서 여성 목사 안수가 허용된 것은 개신교 내 성평등을 위해 많은 분이 노력해온 결과일 것이며, 사회에서의 성평등 확산이 종교에도 자연스럽게 영향을 미친 결과일 것이다.

> 사례

사적 영역의 자유와
<mark>차별금지</mark>의 충돌

2006년 서울YMCA에서 '여성 참정권'을 요구하는 목소리가 울려 퍼졌다. 서울YMCA의 여성 회원들은 수십 년간 회원으로서 활동하고 조직에 기여를 했더라도 오로지 여성이라는 이유로 총회원 자격을 갖지 못했다. YMCA(기독교청년회)와 별도로 YWCA(기독교여자청년회)가 있어 각각 남성 단체와 여성 단체로 알고 있는 사람도 있지만 사실 YMCA는 남녀 관계없이 회원을 받고 운영되는 단체다. 실제로 이 단체의 자원봉사자 중 90퍼센트 이상, 전체 회원의 60퍼센트 이상이 여성임에도 총회 의결권·선거권·피선거권 자격은 없다. YMCA는 세계적인 조직이다. 서울YMCA를 제외한 다른 어떤 YMCA에도 여성 회원의 참정권을 배제하는 경우는 없다. 심지어 2007년 한국YMCA는 여성 회원에게 참정권을 부여하지 않는다는 이유로 서울YMCA를 연맹에서 제명하기까지 했다.

누가 봐도 부당한 일이었다. 여성 회원들은 2009년 손해배상 소송을 제기했다. 1심에서는 패소했다. 사적 자치의 원칙과 결사의 자유의 관점에서 서울YMCA의 행위가 위법하지 않다는 취지였다. 결국 문제는 서울YMCA가 사적 단체라는 점에 있었다. 공공기관이나 교육기관에서 이런 일을 벌인다면 당연히 차별이지만 사적 단체는 사적 자치의 원칙에 따라 단체의 운영을 자유롭게 할 수 있다는 반론이 제기될 수 있다. 하지만 2심 법원과 대법원에서는 원고가 승소했다(서울고등법원 2009. 2. 10. 선고 2007나72665 판결; 대법원 2011. 1. 27. 선고 2009다19864 판결). 피고인 서울YMCA는 여성 회원들인 원고에게 1000만 원의 손해를 배상해야 한다는 것이었다. 자유가 광범위하게 보장되어야 하는 사적 단체에서도 '평등권의 실현'과 '차별금지'는 인권 보장의 필수적인 전제이며 사적인 법률관계에서도 그 적용이 배제되지 않는다는 것이 법원의 판단이었다. 차별은 공공기관에서만 금지되는 것이 아니라 사기업이나 사립대학, 그리고 위 사례와 같은 사적 단체에서도 금지된다는 것이 법원 판결로 확인되었다는 점이 중요한 부분이다.

    그런데 여기서 한 단계 나아가보자. 위 사례는 여성 회원이 열심히 활동하는 조직에서 여성에게만 총회원 자격을 부여하지 않았기 때문에 그 위법성이 분명하지만 만약 애초에 여성에게 회원 자격조차 부여하지 않았다면 어떨까? 그러니까 남성 회원들만 가입할 수 있고 여성 회원은 가입 자체가 불가능한 단체에 대해 회원 가입을 원하는 여성이 '차별'이라고 소송을 제기했다고 가정해보자는 것이다. 이와 관련해서 2심 법원의 판결문이 중요한 힌트를 제공하고 있다. 2심 법원은 어느 사적 단체든 스스로 구성원의 자격과 범위를 결정할 수 있고 특정 성별·종교·인종 등으로 회원 자격을 제한하는 단체도 전적으로 금지되는 것은 아니라고 지적하고 있다. 그리고 해당 단체가 실제로 수행하는 공공적 기능, 국가 및 지방자치단체와의 관계 등에 따라 성별, 종교, 인종 등으로 회원 자격을 제한하는 것이 금지될 수도 있다는 점을 지적하고 있다.

그러니까 남성들만 가입할 수 있는 민간 단체, 특정 종교를 가진 자만 활동할 수 있는 단체, 특정 인종만 가입할 수 있는 친목 모임을 만드는 것은 원칙적으로 가능하지만 이 경우에도 그 단체가 공공적 기능을 수행하는지, 국가나 지자체로부터 보호나 지원을 받는지에 따라 차별이 될 수 있다.

동네 테니스 클럽을 예로 들어보자. 수준에 맞는 사람들과 게임을 즐기고 싶어, 일정한 실력 이상의 남성들만 가입할 수 있게 한 클럽의 운영 방침을 무조건 차별이라고 할 수는 없다. 하지만 서울 YMCA 사례처럼 남녀가 회원으로 있는 클럽에서 회장은 남성만 할 수 있다고 한다면 그것은 차별이 될 것이다. 반면 지방자치단체로부터 시설 운영을 위임받아 운영되는 클럽이 여성을 배제한다면 문제가 될 수 있다. 만약 동성애자나 흑인을 회원으로 받지 않는 테니스 클럽이 있다면 어떨까? 이것은 아무리 사적 단체라도 정당화될 수 없다. '일정한 실력 이상의 남성'으로 회원 자격을 제한한 것은 운동경기의 특성상 불가피한 면이 있으니 그 클럽의 그런 방침이 존중되어야 하겠지만 동성애자나 흑인을 회원으로 받지 않는 것에는 어떤 사유가 있을까? 그냥 '같이 운동하기 싫어서'라는 정도의 이유가 전부일 테고, 그것은 회원 자격을 제한하는 정당한 사유라고 볼 수 없다. 더욱이 동성애자나 흑인을 받지 않는 클럽은 아무리 사적 클럽이라고 해도 사회에 악영향을 미친다. 동성애자나 흑인이 동네 테니스장에서도 차별과 배제의 대상이 될 수 있고, 그런 취급을 당해도 된다는 나쁜 신호가 될 수 있기 때문이다.

공적 영역에서의 차별은 엄격히 금지된다. 사적 영역은 상대적으로 자유가 넓게 인정되지만 그렇다고 해서 차별금지에서 무조건 자유로운 것은 아니다. 사적 영역에서도 차별은 원칙적으로 금지되어 있으며 다만 자율적인 판단이 상대적으로 넓게 인정될 뿐이다.

2부
차별, 알아야 맞설 수 있다

7장 허용되는 차별도 있다?

2016년 봄 용인 에버랜드의 유명한 롤러코스터 'T-익스프레스'에서 보기 드문 장면이 연출됐다. 판사와 변호사, 시각장애인 등이 탑승한 롤러코스터가 경사를 올라가다 중간에 멈췄고 탑승객들은 비상계단을 통해 탈출했다. 가상의 비상 상황을 연출하여 탈출을 하는 현장검증이 진행된 것이다. 문제의 발단은 에버랜드 측이 시각장애인의 탑승을 제한한 것이었다. 시각장애인 세 명과 당시 동행했던 비장애인 세 명이 에버랜드의 조치가 차별에 해당한다며 소송을 제기했다. 장애인의 시설물 이용을 합리적 이유 없이 제한했기 때문에 장애인차별금지법 위반이라는 취지였다. 에버랜드 측이 막무가내로 장애인 차별을 한 것은 아니었다. 에버랜드는 시각장애인의 '안전'을 위한 조치였다고 해명했다. 롤러코스터의 안전을 위해서는 공중에서 고장이 나서 멈춰버리는 비상 상황에 대비하는 것이 매우 중요한데, 시각장애인의 경우 비상계단을 통한 탈출이 어렵다는 것이었다. 에버랜드는 같은 취지에서 롤링엑스트레인, 범퍼카, 렛츠트위스트, 더블락스핀, 챔피언쉽로데오, 허리케인 등에 대해서도 시각장애인의 탑승을 금지하고 있었다. 재판부는 법정에서의 다툼을 잠시 뒤로하고는 직접 롤러코스터를 타고 비상 탈출이 용이한지 현장검증을 해보기로 했다. 결과는 에버랜드 측의 우려와는 달랐다. 탑승객들은 안전 요원의 지시에 따라 비상계단을 내려왔고 시각장애인 탑승객 역시 별다른 어려움 없이 탈출할 수 있었다. 결국 법원은 에버랜드의 시각장애인 탑승 거부가 차별에 해당한다는 판결을 내렸다.

  이 사례는 차별을 판단할 때 어떤 것을 따져봐야 하는지를 잘 보여준다. 시각장애인의 탑승을 거부하는 것은 일단 차별에 해당한다. 하지만 차별의 예외가 성립하는 경우가 있다. 한국의 차별 관련 법령들은 그래서 차별을 정의할 때 '합리적 이유 없이'라는 단서를 붙인다. 즉 일단 차별이 성립하는 행위를 했더라도 합리적 이유가 있다면 차별이 아니라는 것이다. 에버랜드가 주장한 것은 '안전'이었다. 안전은 차별 성립을 배제하는 중요한 이유가 될 수 있다. 테마파크의 많은 시설물은 심혈관계 질환, 디스크 질환, 임산부, 심신미약, 음주, 노약자, 신장 등 다양한 이유에서 탑승을 제한한다. '안전'을 위한 조치다. 이것을 두고 임산부 차별, 신장 차별이라고 하는 사람은 없을 것이다. 안전을 위해서라는 합리적 이유가 있는 탑승 제한이라면 차별의 예외에 해당한다. 그런데 차별의 예외는 쉽게 남용될 수도 있어 매우 신중하게 접근할 필요가 있다. 특히 장애의 경우 조금 불편하거나 어렵다고 해서 예외를 인정하게 되면 장애 차별을 금지하는 취지가 무의미해져버릴 수 있다. 에버랜드 건에서도 시각장애인이 비상 탈출에 어려움이 있을 것 같지만 '탑승 제한'이라는 조치를 취하려면 정말 어려움이 있는지 면밀히 따져봐야 하고 안전상 문제가 있을 때만 제한하는 것이 맞다. 에버랜드는 그렇게 세심하게 접근하지 않았기 때문에 장애인 차별이라는 결과를 면할 수 없었다.

일단 차별이라고 생각하라!

차별금지 사유는 일종의 '경고등'이다. 성별 등으로 사람을 구분하여 다른 대우를 하는 것은 '일단' 차별이라고 생각해야 한다. 그리고 꼭 그렇게 구분해야 할 정당한 이유가 있는지 재고해봐야 한다. 경고등이 울렸으니 일단 멈추고 차근차근 검토해야 한다. 정당한 이유가 없다고 판단되면 구분 자체를 중지해야 한다.

이때 분리·구분의 정당성은 그렇게 하고자 하는 사람이 스스로 검토하고 입증해야 한다.

　세계의 차별금지법은 합리적 이유가 있는 경우를 크게 두 가지로 나누고 있다. 하나는 '진정직업자격'이고 다른 하나는 '적극적 평등화 조치'다. 말이 좀 어렵긴 하지만 진정직업자격이란 정말로 그 직무의 본질상 필요한 것인지를 따지라는 뜻이다. 즉 차별금지 사유를 이유로 어떤 직무에서 배제하려고 한다면, 그 직무의 본질적인 특징을 생각해봤을 때 그 배제가 정말 불가피한 것인지 검토해야 한다.

　사람을 채용할 때 특정 성별을 제한할 필요가 있을까? 이것 역시 직무의 본질적인 성격을 고려하여 판단하면 된다. 몇 가지 사례를 생각해보자. 타워크레인 기사를 모집할 때 여성을 배제한다면 그것은 당연히 차별이다. 여성에겐 부적합하다든가, 남자다운 일이라는 따위의 이유는 '불가피한 경우'가 아니다. 타워크레인 운전의 본질적인 성격과 성별은 아무런 관계가 없다. 타워크레인 기사 자격증을 보유하고 있으며 안전하고 능숙하게 타워크레인을 운용할 수 있다면 그걸로 충분하다. 오래된 편견에 의해 여성 또는 남성에게 부적합한 일이라고 생각되는 것들이 있지만 업무의 본질상 여성만 또는 남성만 수행할 수 있는 경우는 거의 없다. 그렇다면 경찰 채용 시 남녀 분리 모집은 어떨까? 경찰의 업무 특성상 일정한 육체적 능력은 반드시 필요하다. 일정한 체력검사를 실시하여 부적격자를 탈락시키는 것은 정당한 분리·구분에 해당한다. 경찰 업무의 본질에 부합하기 때문이다. 그런데 여기서 남녀를 구분할 필요가 있을까? 남성도 일정한 체력이 안 되면 탈락시키고 여성도 일정한 체력이 되면 합격시키면 된다. 애초에 성별을 따질 필요가 없는 것이다. 경찰은 결국 남녀 분리 모집 폐지라는 결단을 내렸다. 경찰대에서는 이미 시행 중이고 순경 채용에도 곧 시행될 예정이다. 경찰 업무의 본질적 성격상 '성별'은 중요한 요소가 아님이 확인된 것이다.

사지가 멀쩡해야 경찰관 자격이 있다?

경찰 애기가 나왔으니 한 가지 사례를 더 살펴보자. 경찰청과 해양경찰청은 경찰공무원 채용 신체 기준에 '사지의 완전성'을 포함시키고 있었다. 다시 말해 손과 발, 손가락과 발가락이 온전히 존재하고 적절히 기능하는 사람만이 경찰관의 업무를 수행할 수 있다고 본 것이다. 그런데 2018년 약지가 없다는 이유로 경찰관 채용 응시를 제한하는 것은 차별이라는 국가인권위원회 결정이 나왔다. 왼손 약지가 절단된 A씨는 사지의 완전성이라는 기준 때문에 응시 기회를 박탈당한 것은 차별이라며 인권위에 진정을 냈고 이것이 받아들여진 것이다. 경찰은 경찰 업무 특성상 손가락이 완전하지 못하면 총기와 경찰 장구로 범인을 체포하는 데 상당한 지장이 있거나 위험을 초래할 수 있다고 해명했고, 해경도 해난 구조와 범죄 단속 등에 파지력과 악력이 부족하면 업무수행이 어렵다는 입장을 밝혔다. 즉 경찰 업무의 본질적 특성상 사지의 완전성은 불가피하다는 것이다. 하지만 인권위는 경찰학 전문가의 의견을 참조하여 약지가 없는 것이 경찰 업무수행에 지장을 주는지 꼼꼼히 따져봤다. 약지는 총기나 경찰 장구 사용에 영향을 주지 않고 파지력과 악력에 미치는 영향도 미미했다. 만약 약지가 없어서 업무수행이 어렵다면 체력검사에서 검증될 수 있을 것이다. 총기 사용이 어렵거나 파지력 또는 악력이 부족하다면 경찰관 업무수행이 어렵다고 할 수 있지만 약지가 없다는 것이 반드시 총기 사용이나 파지력 또는 악력과 연결되지는 않는다는 것이었다. 병역 신체검사에서도 엄지, 검지 또는 손가락 두 개 이상이 결손된 경우에만 면제가 된다는 점도 감안되었다.

응시 연령 제한의 경우

연령 차별 문제는 좀 더 복잡하다. 예전에는 공무원 시험 응시 연령 제한이 있었다. 5급은 20~32세, 6·7급은 20~35세, 8·9급은 18~28세의 연령대에 속해야만 시험에 응시할 수 있었다. 불가피한 연령 제한일까? 나이 많은 사람을 임용했을 때 직업공무원 양성에 심각한 어려움이 생기고 직업공무원 제도가 와해된다면 연령 상한선을 두는 것은 정당화될 수 있다. 하지만 이 정도로 나이를 제한할 불가피한 사유가 있다고 보기는 어렵다. 헌법재판소가 헌법불합치 결정을 내렸고 2009년부터 공무원 연령 상한선은 없어졌다. 40, 50대 신참 공무원이 업무 적응력이 떨어진다거나 조직 내 상하관계가 혼선을 빚는다는 지적도 나오고 임용된 지 얼마 안 되어 퇴직하는 사람이 늘면 공무원 선발과 교육에 드는 비용이 커진다는 문제도 있다. 하지만 이건 다른 방식으로 충분히 해결 가능한 문제일 뿐, 일정한 연령대의 사람을 무조건 배제해야 하는 정당한 이유라고 보긴 어렵다.

소방관이나 경찰관 역시 과거 응시 연령이 30세 이하로 제한되었다. 인권위가 응시 연령 제한이 차별이라며 개선을 권고했지만 소방방재청과 경찰청은 완강하게 버텼다. 만약 40, 50대 신참 경찰·소방관이 임용된 지 얼마 되지 않아 나이를 이겨내지 못하고 급격히 체력이 떨어진다면 경찰이나 소방관 고유의 업무를 수행하기 어려울 수 있다는 이유였다. 다른 공무원 직군보다는 연령 제한이 불가피하다는 주장이 좀 더 설득력 있었던 셈이다. 실제로 일본이나 프랑스에는 연령 상한이 있지만 미국에는 없다. 무엇이 옳은지 판단하기가 쉽지 않은 문제라는 얘기다. 결국 2012년 헌법재판소가 헌법불합치 결정을 내렸고 경찰청과 소방청은 응시 연령 제한을 40세로 10년 상향 조정했다. 40세 상한은 정당화될 수 있을까? 일정한 체력 요건이 요구되는 이상 어차피 40세 이상이 합격할 가능성은 거의 없지 않을까? 50세, 60세에도 일정한 체력적 능력을 발휘하는 사람이 있다면 일률적으로 응시 연령을 제한하는 것 자체가 차별 아닐까? 아무리 생각해도 나이에 따른 일률적인 제한은 정당화되기 어렵다. 경찰·소방관의 직무수행에 적합한 자질이나 체력 기준을 정교하게 마련하여 엄격하게 집행하는 것이 훨씬 더 합리적이라는 생각이다.

편견을 깨는 쪽으로 문제 해결하기

바티칸에 여행을 갔을 때다. 입장하기 위해 아침부터 긴 줄을 섰고 한 시간 넘게 기다린 끝에 드디어 입장권을 발급받게 되었다. 그런데 매표소 직원의 손을 보고 멈칫했다. 그 직원은 양손 모두 엄지와 검지 두 손가락만 가지고 매표 업무를 수행하고 있었다. 조금 낯설긴 했지만 매표 업무를 수행하는 것에는 아무런 지장이 없어 보였다. 아주 능숙한 솜씨로 돈을 세고 표를 발급해주는 모습을 보며, 잠깐 멈칫했던 나 자신이 부끄러워졌다. 표를 발급받은 뒤에 나는 한국에서라면 손가락이 두 개인 직원이 매표 업무를 할 수 있었을까 잠시 생각했다. 돈을 세기 어려울 거라든가, 손님들이 불편해할 거라는 이유로 아마 채용되지 못했을 것 같다. 만약 손가락이 두 개여서 돈을 제대로 세지 못한다면 채용하지 않는 합리적 이유가 될 수 있겠지만 그 바티칸 매표소의 직원처럼 두 손가락으로도 자유자재로 매표 업무를 수행할 수 있다면 손가락의 완전성 여부는 합리적 이유가 있는 차별이 될 수 없다. 서비스 업무인 만큼 손님들의 불편을 내세울 수도 있겠으나 사실 손님들이 보기에 편하지 않다는 것은 '편견'에 불과하다. 편견을 가진 사람들이 불편함을 느낄 수는 있지만 장애인 고용을 배제하는 것이 아니라 편견을 깨는 쪽으로 문제를 해결해야 하지 않을까. 사람들이 (본질적 업무와 무관한 이유로) 불편하게 느낀다고 해서 장애인을 고용에서 배제한다는 것은 합당하지 않은 일이다.

사라지는 신장·체중 제한

2005년 국가인권위원회는 "경찰, 소방관, 교정직, 소년보호직, 철도공안직 등 5개 특정직 공무원을 채용할 때 키, 몸무게 등 신체 제한을 두는 것"은 차별이라는 판단을 내렸다. 이들 기관의 신체 기준은 남성의 경우 신장은 165~167센티미터 이상, 몸무게는 55~57킬로그램 이상, 여성의 경우 신장은 154~157센티미터 이상, 몸무게는 47~48킬로그램 이상이었다. 일반 공무원이라면 몰라도 이들 특정직 공무원은 상당한 수준의 신체 능력이 필요하니 불가피한 제한처럼 보인다. 하지만 인권위는 "키와 몸무게로 업무수행 능력을 평가하는 것은 과학적인 근거가 없고, 체력은 체력검사 등 객관적인 시험을 통해 판단해야 한다"고 판단했다. 당시 이들 기관 관계자는 업무상 최소한의 신체조건이 필요하다고 주장했지만 사실 정확하게 업무상 필요한 것은 최소한의 키와 몸무게가 아니라 실질적인 업무수행 능력이다. 결국 경찰청은 2008년 키와 몸무게 제한을 폐지했다.

쟁점

장애인차별금지법 : 왜 예외가 존재할까

장애인의 시설 접근권이나 이동권을 보장하지 않는 것이 장애인차별금지법 등 법률로 금지되어 있다는 사실은 이제 널리 알려져 있다. 그런데 주위를 둘러보면 휠체어를 이용하는 장애인이 접근할 수 없는 음식점, 카페 등 상업시설이 여전히 매우 많다. 당장 종로 거리만 해도 엘리베이터나 리프트가 설치되어 있지 않은 2, 3층짜리 건물이 수두룩하다. 하지만 광화문 쪽으로 가면 세종대로의 높은 빌딩들은 대부분 장애인 접근권이 보장되어 있다. 어떻게 된 일일까?

    장애인차별금지법은 시설물의 접근·이용과 관련하여 장애인을 제한·배제·분리·거부해서는 안 되며 정당한 편의를 제공해야 한다고 명시하고 있다. 장애인의 시설 접근권을 보장하는 것이 원칙인 것이다. 그런데 정당한 편의를 제공해야 하는 시설물의 범위와 정당한 편의의 내용은 대통령령으로 정하도록 되어 있다. 이에 따르면 정당한 편의를 제공해야 하는 시설물은 2009년 4월 11일 이후 신축·증축·개축하는 시설로 한정되어 있다. 그러니까 세종대로에 늘어서 있는 높은 빌딩들은 2009년 이후 신축하거나 증개축한 경우이기 때문에 예외 없이 장애인에 대한 편의 제공을 하고 있고, 종로의 2, 3층짜리 건물들은 2009년 이전에 지어졌기 때문에 장애인차별금지법상 편의 제공 의무에서 배제되어 있는 것이다.

"장애인·노인·임산부 등의 편의증진 보장에 관한 법률"과 그 시행령에는 좀 더 상세한 규정이 있다. 공원, 학교, 아동·노인·장애인 등을 위한 사회복지시설, 공중화장실, 의료시설, 독서실, 공연장, 전시장, 체육관, 운동장, 주차장, 아파트 등에는 예외 없이 편의 제공을 해야 하며, 슈퍼마켓, 음식점, 이용원, 목욕탕은 일정한 면적을 충족시키는 곳에서만 편의 제공 의무가 있다고 규정하고 있는 것이다. 예를 들어 일반음식점은 바닥 면적 합계가 50제곱미터 이상인 경우에만 적용된다. 즉 2009년 이전에 지어진 노후 시설이나 규모가 작은 사적 시설은 예외인 것이다. 아마도 편의시설 설치에 소요될 과도한 경제적 부담을 고려한 것으로 보인다.

그렇다면 규모가 작은 곳은 차별금지에서 언제나 예외가 되는 것일까? 그렇지는 않다. 장애인차별금지법상 편의 제공 의무를 일부 면제시켜주는 것은 상당한 비용이 소요될 수 있기 때문이다. 하지만 편의 제공 의무 외에 다른 차별금지 의무에는 특별한 비용이 들지 않는다. 예를 들어 아무리 규모가 작은 회사도 고용상 차별을 하면 안 되고, 학생 수가 적은 소규모 대학도 학생을 차별하면 안 된다. 여기에는 어떠한 예외도 인정되지 않는다. 규모에 따른 예외가 있다면 남녀고용평등법상 '직장 내 성희롱 예방 교육' 정도다. 사업주는 직장 내 성희롱 예방 교육을 연 1회 이상 실시해야 한다. 상시 10명 미만의 근로자를 고용하는 사업장 및 근로자 모두가 남성 또는 여성 중 어느 한 성性으로 구성된 사업장의 경우에는 통상적인 교육이 아니라 교육 자료와 홍보물의 게시와 배포도 성희롱 예방 교육으로 인정된다.

8장 차별을 해결하는 적극적 방법

십수 년 전의 일이다. 모 공과대학의 교수님이 급히 자문을 구해 왔다. 소속 학과에서 교수를 뽑으려고 하는데 '여성만 지원 가능'이라고 교수 임용 공고를 내도 문제가 되지 않느냐는 것이었다. 앞서 얘기했듯이 성별을 이유로 불이익을 주려고 하는 것에 일단 경고등이 울려야 한다. 그리고 혹시 합리적 이유가 있는 예외에 해당하는지 따져봐야 한다. 나는 이야기를 이어나갔다. "원칙적으로는 안 되지만 특별한 사유가 있다면 가능할 수도 있습니다. 혹시 공고를 그렇게 내려고 하는 이유가 있을까요?" 듣고 보니 학과 나름의 사정이 있었다. 30명이 넘는 학과 교수 중 여성 교수는 단 한 명도 없는 상황인데, 여학생들은 꽤 많이 늘어서 학생들이 여성 교수를 뽑아달라고 요구하고 있는 데다 학과 교수들 사이에서도 여성 교수가 있어야 한다는 것에 공감대가 형성되었다고 했다. 그런데 그 전공 분야에는 여성 지원자 후보군이 크지 않아, 일반적인 임용 절차로는 남성 교수만 있는 학과에 여성이 지원할 가능성이 희박하다는 것이다. 그래서 결국 여성만 지원하라고 명시해야 한다는 결론에 도달했다는 설명이었다. 나는 그 정도라면 충분히 가능할 것 같다고 하면서 매번 이렇게 임용 공고를 내는 것은 문제될 수 있지만 특별한 필요에 의해 제한적으로 그런 임용 공고를 내는 것은 차별이 되지 않는다고 말씀드렸다.

차별로 차별을 해소하다

이렇게 특별한 경우에 특정 집단을 우대할 필요가 있다면 차별의 예외로 인정될 수 있다. 이것을 '적극적 평등화 조치affirmative action'라고 부른다. 특별히 어떤 집단을 우대하는 조치는 다른 집단에게 불이익을 줄 수 있으므로 일단 차별의 경고등이 켜진다. 여성 교수만 뽑는다는 임용 공고는 남성의 지원을 원천 차단하므로 그 자체로 차별이 될 수 있다. 하지만 그렇게 하는 것이 현재의 성차별을 해소하기 위한 불가피한 한시적 조치라면 정당화될 수 있다. 현행법 중에서는 남녀고용평등법에 "현존하는 남녀 간의 고용 차별을 없애거나 고용 평등을 촉진하기 위하여 잠정적으로 특정 성을 우대하는 조치"(적극적 고용 개선 조치, 2조 3호)라고 규정되어 있고, 장애인차별금지법에는 "장애인의 실질적 평등권을 실현하고 장애인에 대한 차별을 시정하기 위하여 이 법 또는 다른 법령 등에서 취하는 적극적 조치는 이 법에 따른 차별로 보지 아니한다"(4조 4항)라고 규정되어 있다. '현존하는 차별 해소', '평등 촉진', '실질적 평등권 실현' 등과 함께 '잠정적'이어야 한다는 조건도 규정되어 있다. 소극적으로 차별을 금지하는 것이 아니라 적극적으로 특정 집단을 우대한다는 것이 중요한 특징이다.

적극적 평등화 조치의 가장 대표적인 예는 채용이나 입학에서의 할당제다. 할당제 quota system는 말 그대로 채용이나 입학에서 일정 비율을 취약 계층에 '할당'하는 것이다. 국회의원 비례대표 여성 할당제, (의대, 약대, 로스쿨 입시에서) 지역 인재 의무 선발, 공무원 임용 시 양성평등채용목표제, 장애인의무고용제, 대학 입시에서 장애인·농어촌 가정·다문화 가정·기초생활수급자·북한이탈주민·한 부모 가정 학생들에 대한 특별전형 등이 대표적이다. 2022년 8월부터 시행된 여성 이사 할당제도 여기에 포함된다. 할당제는 적극적으로 평등을 실현하는 조치라는 점에서 의미가 있지만 특정 집단을 우대하고 다른 집단을 배제한다는 점에서 신중하게 추진되어야 한다. 꼭 필요한 경우에 한하여 제한적으로 실시

될 때 부작용을 최소화하는 동시에 그 효과를 극대화할 수 있다.

실질적 평등을 위한 제도적 장치 '할당제'

공직의 경우에는 특정 집단의 대표성을 확보하는 것 자체가 중요한 목표가 된다. 한국에서 여성 국회의원의 숫자가 늘어난 것은 할당제 덕분이다. 2003년까지만 해도 국회의원 중 여성의 비율은 5.9퍼센트에 불과했는데, 2004년에 13퍼센트로 늘었고 2020년에 이르러서야 겨우 19퍼센트가 되었다. 2000년대 이후 법률로 여성 할당제를 강제하면서 가능했던 일이다. 세계 각국이 정치에서 여성 대표성을 강화하려는 '인위적'인 노력을 주저하지 않고 있다. 프랑스는 여성의 정치 대표성 제고를 위해 "남녀동수법"을 통과시켰고 선출직에 여성과 남성이 동등하게 참여할 수 있도록 해야 한다는 내용을 헌법에 추가했다. 범아프리카의회에서는 각 회원국의 대표 중 3분의 1을 여성으로 구성한다는 의정서를 채택했다. 한국의 여성 국회의원 비율은 19퍼센트로 세계 121위에 해당한다. 할당제 폐지를 논의하기에는 아직 갈 길이 멀다는 얘기다.

하지만 할당제는 할당된 몫을 배분하는 것 이상을 목표로 한다. 여성 이사 문제를 한번 예로 들어보자. 한국 기업에서 여성 이사 비율이 너무 낮은 것은 분명한 사실이다. 차별이 있었다고 할 수 있지만, 그렇다고 여성 이사를 금지하는 회사는 없을 것이다. 명시적인 차별보다는 여성 직원이 역량을 발휘할 기회와 조건을 제약하는 다양한 문제가 원인이었을 것이다. 이런 상황에서 소극적인 성차별 금지 정책으로는 효과를 보기 힘들다. 여성 직원의 승진 기회를 가로막는 다양한 문제를 파악하여 하나하나 해결해나간다면 언젠가는 효과를 볼 수 있겠지만, 단시간에 효과를 볼 수 있는 문제는 아니다. 이런 상황에서 좀 더 적극적인 조치가 있으니 바로 이사의 일정 비율을 여성으로 두도록 아예 의무화하는 것이다. 이렇게 되면 일단 강제적으로 여성 이사가 임명된다. 그런데 할당제의 목표를 '할당된 만큼 여성 이사를 두는 것'으로 협소하게 이해해서는 안 된다. 할당제는 근본적인 문제 해결에 추진력을 얻으려고 하는 것이지, 할당된 몫을 분배받는 것 자체가 목표는 아니다. 예컨대 여성 이사를 10퍼센트 두는 할당제는 고용과 승진에서의 성차별을 궁극적으로 해소하기 위해 전략적으로 선택된 방법일 뿐, 이사의 10퍼센트를 여성 몫으로 채우는 것 자체가 목표는 아니다. 할당제는 실질적인 평등을 위한 계기를 마련해준다. 여성 이사를 통해 여성은 임원으로서 부적합하다는 편견이 해소될 수 있고 여성 직원에게 동기부여와 롤모델이 제공될 수도 있다. 만약 임원이 될 만한 여성 후보자군이 부족한 회사라면 처음에는 여성 임원을 구하는 것조차 어려울 수 있겠지만 결국에는 여성 임원 후보자군을 늘려야겠다는 생각을 하게 될 것이다. 최초 고용 단계에서부터 근속과 승진까지 여성에게 불리한 부분이 없는지 점검하고 여성 직원이 역량을 발휘할 수 있도록 조치를 취할 것이다. 할당제의 궁극적인 목표는 차별을 근본적으로 해소하는 파급효과다. 비유하자면, '물꼬를 트는' 역할을 하는 것이다.

할당제가 남긴 과제

할당제를 실시할 때는 유의할 점이 있다. 일단 할당을 채우는 것 자체를 넘어, 이런 제도가 실시된 이유를 성찰하고 제도와 문화를 개선하는 작업이 이어져야 한다. 만약 여성 이사를 임명하고는 다른 조치를 전혀 하지 않는다면 할당제의 의미는 극도로 제한될 것이다. 정책 당국도 할당제를 실시하게 하면서 다른 차별 해소 방안들을 동시에 강제하고 유도하는 것이 매우 중요하다. 장애인의무고용을 강제하면서 장애인 고용을 가로막는 여러 장벽의 해소를 간과해서는 안 된다는 말이다. 할당제의 출구 전략도 중요하다. 어느 시점이 되면 할당제는 효능보다 부작용이 더 커진다. 할당제는 특정 집단 전체에게 특별한 혜택을 주는 것인데, 시간이 흐름에 따라 그 집단의 성격은 다변화될 수 있다. 여성 중에도 경제적으로 부유한 자와 극빈층이 있을 수 있고 인종, 종교, 장애, 성적 지향 등에 따라 처지와 조건이 상당히 다르다. 자원이 풍부한 여성과 열악한 여성이 단지 여성 집단에 속한다는 이유만으로 똑같이 어떤 혜택을 공유하는 것은 적절치 않을 수 있다는 말이다. 따라서 해당 영역에서 누적된 차별의 역사가 있고 그 차별이 고질적이어서 할당제 외에는 다른 획기적인 해결책이 없을 때 제한적이고 잠정적으로만 할당제가 효과를 볼 수 있는 것이다.

그런 점에서 한국에서 현재 실시되고 있는 할당제는 정당하다. 예를 들어 여성 이사 할당제는 자산총액 2조 원이 넘는 주권상장 법인의 경우 이사회의 이사 전원을 특정 성의 이사로 구성하지 못하게 한 제도로서 강제적 효력은 없다(자본시장과 금융투자업에 관한 법률 165조의 20). 상당수의 회사가 남성으로만 이사회가 구성되어 있어, 사실상 이사 중 한 명 이상을 여성으로 임명하게 하는 효과를 노린 것이며, 편의상 여성 이사 할당제라고 불린다. 2019년을 기준으로 상장 기업의 여성 CEO는 3.6퍼센트, 여성 임원은 4.5퍼센트에 불과하다. 요즘 ESG(환경·사회·지배구조) 경영 때문에 어떻게든 여성 임원을 늘려야 하는 상황이 도래했지만 방법이 마땅치 않다. 그래서 도입한 제도다. 세계 각국이 여성 임원 할당제를 공격적으로 도입하고 있는 것에 비춰보면 오히려 뒤늦은 최소한의 조치에 불과하다. 여성 의원 할당제의 경우 비례대표의 절반을 여성으로 할당하게 했음에도 여성 국회의원이 20퍼센트도 안 되는 상황이라는 점, 그리고 국민의 대표가 모인 국회야말로 다양성 확보가 매우 중요한 영역이라는 점을 고려하면 정말 최소한의 제도라고 할 만하다. 장애인의무고용제는 국가와 지방자치단체, 공공기관과 지방 공기업, 상시 50인 이상의 근로자를 고용하는 민간 기업 등은 3.1~3.8퍼센트를 장애인으로 고용하는 제도다. 장애인 고용이 극도로 부진한 상황에서 실시되고 있는 불가피한 제도다.

그럼에도 할당제에 대해 비판적인 시각을 갖는 사람들이 많다. 앞서 말했듯이 강력한 효과만큼 부작용과 한계도 있는 제도이기 때문에 제도를 가다듬기 위한 건설적인 논의라면 얼마든지 좋다. 할당제 없이 다양한 집단의 대표성을 강화하고 다양성을 확보할 수 있는 좋은 아이디어가 있다면 할당제 아닌 다른 대안에도 귀를 기울여야 한다. 예를 들어 장애인의무고용이라는 강제적인 제도 말고 더 좋은 장애인 고용 확대 방안을 제시한다면 장애인의무고용제를 고집할 이유가 없다. 농어촌 특별전형 대신 농어촌 지역 학생에게 교육 기회를 공정하게 배분할 방안이 있다면 특별전형을 굳이 유지할 필요가 없다. 문제는 그런 건설적인 논의보다는 할당제에 대한 무책임한 비판을 쏟아내는 경우가 훨씬 많다는 것이다. 다시 말하지만 할당제는 전략적 도구에 불과하다.

> 사례

여경 무용론을 넘어 : 할당제에서 남녀 통합 선발로

육군사관학교에서는 남학생을 282명, 여학생을 48명 뽑을 예정이다(2027학년도 기준). 1998년 첫 여성 생도 25명이 입학한 이후 여학생의 숫자는 지속적으로 늘어났다. 어쨌든 남녀의 선발 숫자는 정해져 있다. 반면 경찰은 남녀 통합 모집을 한다. 2023년부터는 경찰대와 간부후보에 적용되었고 2026년부터는 순경 채용에도 적용된다. 체력검사도 남녀 구분 없이 동일한 기준으로 실시된다. 경찰이나 군인같이 일정한 체력적 직무수행 능력을 요구하는 직업에서 신체와 체력 기준을 어떻게 정할 것인지, 그 기준을 남녀에게 차등 적용할 것인지, 그리고 남녀를 일정한 비율로 선발할 것인지는 늘 논쟁적인 이슈다. 여성 경찰을 얼마나 어떻게 뽑을 것인지에 대한 논쟁과 정책의 변화는 여러 고민과 문제의식을 잘 보여준다.

경찰대의 경우 1981년 설립 당시에는 오로지 남성만 선발했다. 1989년부터 여성도 선발했지만 그 비율을 제한했다. 그리고 1989년 4.7퍼센트, 1997년 10퍼센트, 2015년 12퍼센트로 조금씩 그 비율을 늘려갔다. 그리고 2021년부터는 성별 구분 없이 선발하기 시작했고 2023년부터는 체력 기준도 통합했다. 순경 채용은 남녀 비율이 9대 1 정도였다가 2026년부터는 남녀 통합 채용으로 바뀌고 체력 기준도 통합된다. 여성 선발 기준으로 간단히 정리해보면 (1) 여성은 채용 안 함, (2) 할당제(여성을 일정 비율 채용), (3) 통합 선발(특정 비율은 없지만 체력검사 기준 차등 적용), (4) 완전한 통합 선발(선발 비율도 없고 체력검사 기준도 동일) 등의 순으로 발전해나간 것이다.

여성 경찰을 아예 채용하지 않는다면 명백한 차별이다. 현대 경찰의 직무수행을 고려하더라도 여성을 배제할 이유는 없다. 경찰의 역사를 보면 경찰 출범 직후인 1946년 5월 처음으로 여자 경찰관을 모집했다고 한다. 여성 피의자와 범죄자의 수색이나 구호 조치 등에 여경이 필요하다는 판단이 있었다고 한다. 즉 여성만이 수행할 수 있는 특수한 업무 때문에 여경을 선발했다는 얘기다.

하지만 남성 경찰이 수행하던 업무 중 여경이 할 수 없는 일은 거의 없다. 실제로 초기 여경은 여성 청소년과의 업무, 민원·행정 등의 업무를 주로 담당했지만 1990년대 이후 교통, 형사, 정보, 보안 등 경찰 전 분야로 진출했다. 지금은 경찰기동대나 경찰특공대에도 여경이 배치되어 있다. 그럼에도 여경은 일정한 비율을 정해서 선발해왔다. 숫자도 제한적이고 고위직으로 갈수록 그 숫자는 더욱 줄어든다.

여경을 아예 안 뽑는 것보다는 비율을 정해서 뽑는 게 낫다. 이른바 '할당제'의 효과다. 하지만 언제부턴가 남녀 구분 선발은 할당제라기보다는 여성 경찰의 숫자를 '제한'하는 기능을 해왔다. 경찰이 되고자 하는 여성들에게는 부당한 제한이자 차별이었다. 2016년 기준으로 순경 공채에서 1001명을 모집하는 남성 부분의 경쟁률은 37.9대 1이었으나 153명을 뽑는 여성 부분에는 무려 1만 5219명이 응시하여 99.4대 1의 경쟁률을 기록했다. 이쯤 되면 여성 할당제가 아니라 여성 제한제라고 하는 편이 적절할 것이다.

하지만 경찰은 일정한 체력 기준이 필요한 직업이기에 남녀 통합 모집을 하게 되면 여성 지원자는 전원 탈락하게 될 것이고, 따라서 여전히 여성을 일정 비율로 뽑는 것은 할당제로서 의미가 있다는 주장이 있을 수도 있다. 그런데 경찰의 직무에서 성별이 중요한 요소가 될 수 있을까? 2005년 국가인권위원회는 성별이 경찰관 직무수행의 필수적인 자격 요건이라고 볼 수 없다면서 성별 구분 모집을 폐지할 것을 권고했다. 이 문제를 해결하기 위해서는 경찰의 직무를 좀 더 정밀하게 분석할 필요가 있다. 경찰 직무의 성격에 따라 할당제, 남녀 체력 기준 차등 적용, 남녀 통합 선발 등의 문제에 대한 판단이 달라질 수 있기 때문이다.

여경 논란이 있을 때마다 인터넷 댓글창을 열어보면 많은 사람이 건강한 체격과 월등한 신체 능력으로 범죄자를 단숨에 제압하는 것을 경찰의 표준적인 모습으로 생각하는 것 같다. 영화 〈범죄도시〉의 마석도 형사(마동석 분)가 모범적인 경찰의 표상인 것 같은 느낌이다. 하지만 경찰의 실제 직무를 보면 그렇지 않다. 경찰은 일반인보다 우월한 체력적 능력을 갖추고 있어야겠지만 범인 제압은 2인 1조로 경찰 장비를 이용해서 하는 것이다. 경찰이 마석도 형사처럼 맨손으로 범인을 때려눕힐 만한 신체적 능력을 가지고 있어야 하는 것은 아니라는 말이다. 흉기를 들고 난동을 부리는 사람을 제압하려면 반복 훈련을 통해 대응 능력을 갖추어야 한다. 키가 크고 악력이 강하다고 해서 대응이 가능한 것은 아니다. 2021년 흉기 난동 사건에서 현장에 출동한 여경이 도망간 것이 문제되어 여경 무용론이 퍼지기도 했지만 사실 제대로 대응하지 않은 것은 19년 차 베테랑 남성 경찰도 마찬가지였다. 2019년 주취자를 제대로 제압하지 않은 여경도 문제가 되었지만 사실 취객 제압은 남성 경찰에게도 쉬운 일이 아니다. 경찰대 출신 표창원 당시 국회의원은 여경 무용론이 제기되는 것을 경계하면서 "저도 태권도 2단, 합기도 2단에 육체적으로 밀릴 게 없는 사람이었지만 취객 한 명을 제대로 제압해본 적은 없다"며 취객을 다치지 않게 하며 제압하는 것은 남성 경찰에게도 쉽지 않은 일이라고 말했다. 그리고 "경찰 업무 중에 육체적인 물리력이 사용되는 업무는 30퍼센트 미만이며 사실상 소통이 70퍼센트"라면서 여경의 물리적 능력을 문제 삼아 여경 무용론을 이야기하는 것은 "현재 경찰의 흐름에 역행하는 말 같다"고 했다. 그런 상황에서는 갈등의 조정과 중재가 더 중요하다면서 "남성과 남성 2인조보다 남성과 여성 2인조가 현장에 출동했을 때 물리적 충돌이 발생하는 비율이 훨씬 낮아진다"는 미국의 한 연구 결과를 소개하기도 했다.

실제로 현재 경찰 업무 중에는 여성이라고 해서 특별히 수행하기 힘든 업무는 거의 없으며 경찰에게 실제로 필요한 체력적인 요건에 남녀 차등을 둘 이유는 없다는 점에서 성별에 따라 채용을 제한할 필요성은 인정되기 어렵다. 결국 남성 경찰에게 적용되었던 과도한 체력 기준도 적절한 수준에서 남녀 통합 기준으로 조정하고 남녀 통합 모집을 하는 것이 가장 적절한 대안이다. 성별을 고려하지 않고 경찰 직무를 수행할 수 있는 사람을 선발하는 것이니 그 자체로 매우 합리적인 방안이다. 남녀 이분법으로 구분되기 어려운 트랜스젠더 등 성소수자도 남성과 여성 중 어느 채용 분야에 응시해야 할지 고민할 필요가 없다. 오로지 경찰로서 적합한 능력을 갖추기만 하면 된다.

앞서 언급한 대로 할당제는 특정한 상황에서 필요한 특별한 조치다. 할당제는 효과가 직접적이고 즉각적이라는 큰 장점이 있는 반면 부작용도 있고 왜곡될 수도 있다는 점에서 양날의 검이다. 그런 점에서 경찰 채용 정책이 왜곡된 할당제에서 통합 모집으로 진화한 것은 여러 가지 시사점을 준다. 차별을 금지하고 평등을 보장해야 한다는 대원칙은 언제 어디서나 마찬가지지만 구체적으로 어떤 정책을 사용할 것인지는 늘 어려운 문제다. 그렇다면 군대는 어떨까? 경찰의 경우 세계적으로 남녀 통합 모집을 하는 곳이 많지만 군대의 경우에는 여전히 남녀 분리 모집을 하는 곳이 더 많다. 한국도 경찰은 남녀 통합 모집으로 나아갔지만 군대는 여전히 남녀 분리 모집을 하고 있다. 군대에서의 할당제는 어떻게 봐야 할까? 현대 군대의 직무 특성을 고려하여 무엇이 차별이고 무엇이 합리적 이유가 있는 구분인지를 파악해나간다면 문제 해결의 실마리를 찾을 수 있을 것이다.

9장
차별금지가 역차별을 낳는다?

2020년 6월 여론조사 전문 기관 리얼미터가 YTN 의뢰로 실시한 공공기관 정규직 전환 공감 조사에서 전체 응답자의 45.0퍼센트가 "역차별 우려 등 부작용을 고려해 보류해야 한다"고 답했다. 취업 준비생이 많은 20대에서 55.9퍼센트로 가장 높게 나타났다. 문재인 정부가 추진했던 정책 가운데 가장 논란이 많았던 것 중 하나가 바로 비정규직 노동자의 정규직 전환 문제였고 많은 언론이 이를 '역차별 논란'이라고 기사화했다.

한국 사회에서 '역차별'이라는 말은 이제 더 이상 낯설지 않다. 생각보다 많은 문제에 대해 역차별 논란이 제기된다. 여성 할당제, 여성 의무 공천 등 각종 여성 정책에 역차별이라는 딱지가 붙은 지는 제법 오래되었다. 지역균형선발 제도는 서울 지역 수험생에 대한 역차별이고 다문화 정책이나 난민·이주자에 대한 지원은 국민에 대한 역차별이라고 한다. 2024년 대전의 대표 빵집 '성심당'이 임산부에게 줄을 서지 않고 입장할 수 있게 하고 5퍼센트 할인 혜택까지 주는 정책을 시행하자 이에 대해서도 여지없이 '역차별'이라는 공세가 제기되었다.

족보가 없는 말은 아니다. 이론적으로는 '역차별 reverse discrimination'이라는 용어가 있다. 차별금지 정책은 소극적으로는 어떤 특정 집단에 대한 차별을 금지하고 적극적으로는 지원이나 혜택을 주기도 하는데, 특히 후자의 경우에 역차별 논란이 제기된다. 소수자를 적극적으로 지원하는 조치로 인해 '역으로' 다른 집단(다수자)이 피해를 입게 되는 경우가 대표적이다. 대학 입시 제도의 예를 보면 직관적으로 이해할 수 있다. 어떤 대학의 일반전형 합격 커트라인은 90점인데, 농어촌 특별전형은 85점이라고 가정해보자. 농어촌 지역 학생은 85점으로도 합격하지만 비농어촌 지역 학생은 90점을 맞아야 합격하는 것이니 역차별이라는 주장이 나올 수 있다. 그런데 이런 사례에 대해 다짜고짜 역차별이라고 비난하는 것은 8장에서 설명했던 적극적 평등화 조치의 취지를 제대로 이해하지 못한 것이다. 적극적 평등화 조치는 모종의 불이익을 겪고 있는 집단을 우대함으로써 실질적인 평등을 지향하는 것이다. 그 과정에서 다른 집단이 불이익을 겪는 게 아니다. 굳이 불이익이 있다면 상대적으로 좋은 환경에서 얻은 혜택의 일부를 반납하는 것뿐이다.

우리가 지향하는 평등은 '형식적'인 평등을 기본으로 하는 '실질적'인 평등이다. 일단 모든 수험생이 차별 없이 형식적으로 균등한 기회를 누리는 것이 기본이다. 그런데 형식적 평등의 문제는 현대 민주주의국가에서 대부분 해결되었다. 예컨대 대학 입학 제도에서 성별, 인종, 재산 유무로 당락이 좌우되는 것은 더 이상 상상하기 어렵다. 문제는 실질적 평등이다. 대학의 문은 형식적으로는 누구에게나 열려 있지만 실질적으로는 대학 진학에 어려움을 겪는 학생들이 있다. 경제적으로 어려운 경우도 있고 지역이나 계층에 따라 공부할 기회 자체가 애초에 제한되는 경우도 있다. 이를 상쇄하기 위한 제도가 장애인·농어촌 가정·다문화 가정·기초생활수급자·북한이탈주민·한 부모 가정 학생들에 대한 특별전형이다. 이를 두고 '역차별'이라고 하는 사람이 있다면 불리한 환경에서 교육을 받아야 하는 학생들을 동일선상에 놓고 똑같이 평가하는 것만이 평등한 것인지 되묻지 않을 수 없다.

역차별, 왜 논란인가

역차별 논란이 대두된 것은 역설적으로 평등과 차별금지 정책이 어느 정도 발전했기 때문이다. 만약 어떤 소수자 집단이 최소한의 인권조차 누리지 못하고 있다면 역차별 논란이 벌어질 리가 없다. 해외의 이야기부터 해보자.

2023년 일본의 한 국회의원은 재일조선인들이 특권을 받고 있다면서 "역차별과 사이비, 그에 수반되는 이권과 차별을 이용해 일본을 깎아내리는 사람들이 있다"는 글을 올려 재일조선인들로부터 거센 항의를 받았고 오사카와 삿포로 법무국은 이 글이 인권침해에 해당한다고 결정했다.

일본에서 재일조선인 혐오는 어제오늘의 일이 아니다. 2006년 넷 우익 단체인 '재일 특권을 허용하지 않는 시민 모임(재특회)'은 재일조선인들을 표적 삼아 비난을 퍼붓고 혐한 시위를 주도했다. 재일조선인이 특별 영주권을 부여받고 조선학교에 다니는 등 '특권'을 누리고 있고 거꾸로 일본인들이 역차별을 받고 있다는 이유였다. 재특회 소속이라는 한 남성은 "조선학교 사람들은 '일본인을 죽여라'라고 하는데, 우리는 '한국인을 죽여라'라고 하면 안 된다니 역차별 아니냐?"고 목소리를 높였다. 그들의 얘기를 듣다 보면 일본 사회가 안고 있는 모든 문제의 원흉이 재일조선인인 것 같다.

일제강점기부터 일본에 거주하기 시작하여 3세대, 4세대를 지나 일본에 정착한 재일조선인들이 무슨 대단한 특권을 누리고 있을까? 일본의 사정을 잘 모르는 사람도 얼토당토않은 이야기라는 것을 쉽게 눈치챌 수 있다. 잘 알려진 바와 같이 재일조선인은 소수민족으로서 유무형의 차별을 받고 있는 게 현실이다. 재특회는 일본 사회가 안고 있는 모순과 문제들을 외면한 채 엉뚱한 희생양을 찾아 책임을 전가하면서 오히려 자신들이 역차별받고 있다고 주장한다.

여성 정책은 왜 역차별이 아닌가

한국에서는 여성 정책이 역차별이라는 혐의를 받고 있다. 남성 정책은 없는데 여성 정책은 있고, 남가부는 없는데 여가부는 있으니 남성에 대한 역차별이라는 것이다. 과거에는 성차별이 있었지만 지금은 사라졌기 때문에 더 이상 여성 정책을 운용하는 것은 예산 낭비이자 남성에 대한 역차별이라는 논리는 제법 그럴싸하기까지 하다. 그런데 노골적인 성차별은 사라졌지만 은밀하고 교묘한 형태의 성차별은 여전하다. 고용노동부와 여성가족부가 발표한 〈2024년 여성경제활동백서〉에 따르면 여성 근로자의 시간당 평균 임금은 남성의 71퍼센트 수준이다. 여성가족부가 발표한 〈2024 통계로 보는 남녀의 삶〉에 따르면 남녀 고용률(15~64세)

자체가 76.9퍼센트와 61.4퍼센트로 차이가 있고 연령대별로는 20대 초반에 거의 비슷했던 고용률이 20대 후반부터 벌어지기 시작해서 30대에는 20퍼센트 가까이 격차가 난다. 4급 이상 국가공무원 등 여성 관리자 비율은 25.1퍼센트이고 고위 공무원 비율은 11.7퍼센트였다. 공공과 민간 기업의 여성 관리자 비율은 22.1퍼센트다. 제22대 국회의원 중 여성 의원은 20.0퍼센트에 불과했다.

여성 정책을 총괄하는 여성가족부의 중요한 업무 중 하나가 바로 이런 수치를 개선하는 일이다. 임신과 육아로 인한 고용 차별을 개선하고, 경력 단절 여성을 지원하고(취업 지원, 직업교육, 여성 경제활동 촉진), 여성 인력 개발(정치 참여, 기업의 여성 관리지 육성, 공공 부문 대표성)에 힘쓰고, 여성 폭력·성폭력·디지털 성범죄·가정 폭력·스토킹·성매매·인신 매매·아동과 청소년 대상 성범죄 대책을 세우는 것이 여성가족부의 여성 정책이다. 나머지는 가족 정책과 청소년 정책을 다룬다. 실제로 여성가족부 예산의 약 83.4퍼센트(2024년 기준)는 가족 정책과 청소년 정책 예산이다. 전체 예산 규모를 생각하면 여성가족부가 소위 '여성 정책'에 쓰는 예산은 미미한 수준이다. 고용률, 임금, 고위직 공무원과 기업 임원의 비율에서 현저한 남녀 차이를 개선하기 위해 이 정도의 예산을 사용하는 것이 과연 '낭비'이고 '역차별'인지 의문이다.

다행스러운 것은 앞에서 말한 수치가 조금씩 개선되어왔다는 것이다. 4급 이상 국가공무원 중 여성 비율은 2015년 12.1퍼센트에서 2023년 25.1퍼센트로 늘었고 공공과 민간 기업의 여성 관리자 비율도 2015년 19.4퍼센트에서 22.1퍼센트로 늘었다. 일각에서는 교육에서의 성차별이 줄어들고 입직 과정에서의 성별 불균형이 해소되면서 저절로 문제가 해결되어온 것이고 앞으로도 내버려두면 자연스럽게 개선될 거라고 주장하기도 한다. 최근에는 공무원 여성 합격자 비율이 절반을 넘어서고 오히려 남성이 양성평등채용목표제의 혜택을 받는 경우가 더 많아질 정도였다. 따라서 인위적인 여성 정책은 불필요하다는 것이다.

최근 몇 년 동안 경찰청 성평등위원회, 법무부 양성평등정책위원회, 국방부 양성평등위원회, 성평등 국회자문위원회, 여성가족부 정책자문위원회 등에서 활동하며 각 부처의 성평등 정책을 지켜볼 기회가 있었다. 여성 공무원이 늘어난 것이 좋은 계기를 마련해준 것은 사실이지만 아무런 조치 없이 내버려두면 구체적인 성과로 귀결되지 않을 수 있다는 것을 알게 되었다. 실제로 승진, 배치, 임신·육아 등에서 눈에 보이지 않는 차별이 존재하기 때문에 이를 감시하고 해결하기 위한 적극적인 노력이 병행되어야 한다. 민간 기업의 여성 관리직 비율이 눈에 띄게 개선되지 못하고 있지만 공무원의 고위직 여성 비율이 지속적으로 늘어나고 있는 것은 이러한 적극적인 여성 정책이 작동한 결과라고 할 수 있다.

예멘 난민의 경우

2016년부터 2018년까지 예멘 난민 500여 명이 제주도로 입국했다. 시민들의 반대가 거세게 일어났다. 난민법 개정과 무사증 입국 제도 폐지 등을 요구한 청와대 국민청원에는 13일 동안 40만여 명이 참여했다. 포털의 베스트 댓글은 "난민은 들이면 안 된다. 우리가 호구의 민족인가"였다. 2020년 12월 유엔난민기구 UNHCR와 한국리서치의 조사에 따르면 난민 수용에 반대한다는 응답자가 53퍼센트나 되었다. 성별과 세대를 불문하고 반대가 높았다. 난민 수용을 반대하는 이유로는 경제적 부담(64퍼센트), 범죄 등 사회문제 우려(57퍼센트), 가짜 난민(49퍼센트) 등을 들었다. 2018년 여름 서울 광화문에서 열린 난민 반대 시위는 이 모든 것을 적나라하게 보여주었다. 시민들의 면면은 대한민국 평균 그대로였다. 마치 여론조사 표본을 뽑아놓은 것처럼 남녀노소가 고루 참여하고 있었다. "나는 대한민국 국민입니다. 국민이 먼저다. 국민은 안전을 원합니다"라는 글귀가 적힌 손팻말을 든 시민들이 가득했고 "가짜 난민! 안전 위협! 세금 특혜!"라고 적힌 전단이 배포되었다.

연단에서의 발언과 군중의 구호를 듣고 있으면 대한민국이 안고 있는 모든 문제가 '난민' 때문인 것 같았다. 국가는 국민을 위해 존재하는데, 난민을 무분별하게 인정하여 가짜 난민이 속출하고, 국민 안전이 위협받으며, 세금이 엉뚱한 곳으로 새어나가고 있다는 것이었다. 이는 난민에 대한 지원과 특혜가 국민에 대한 '역차별'이라는 주장으로 이어졌다.

난민은 개별 국가가 해결하기 어려운 문제로서 국제적인 연대와 협력으로만 풀 수 있다. 수많은 국가와 도움을 주고받으며 성장해온 세계 경제 대국 대한민국이 "우리는 사정상 난민을 받지 못한다"고 한다면 세계 어느 국가도 난민을 받을 수 없을 것이다. 독일은 최근 몇 년 동안 100만 명이 넘는 난민을 적극적으로 수용했다. 튀르키예, 콜롬비아, 파키스탄, 우간다와 같은 나라들은 자국 사정이 넉넉지 않은데도 100만 명이 훨씬 넘는 난민을 받았다. 국제적 위상과 경제 규모로 볼 때 한국이 대단한 희생을 하고 있는 것은 결코 아니다. 자국민의 이익을 희생해가며 엄청난 손해를 보고 있는 것도 아니다. 오히려 대한민국의 국격에 걸맞은 역할을 제대로 못하고 있는 상황이라고 보는 것이 맞다. 2020년 기준 난민 관련 예산은 24억 6700만 원으로 정부 총예산의 0.0004퍼센트 정도였다. 난민 인정률은 겨우 1퍼센트 정도로 세계적으로 난민 심사가 아주 엄격한 편에 속한다. 매년 100명 정도의 난민을 받고 있는 셈이다. 무분별하게 난민을 받기는커녕 난민 인정이 너무 엄격해서 문제다. 난민이 위험하다는 것도 큰 오해다. 전 세계적으로도 난민의 범죄율은 자국민보다 낮으며 한국도 마찬가지다.

현재는 우리가 주로 수용해야 하는 입장이지만 대한민국 국민도 국제적 난민 보호 시스템의 혜택을 받을 수 있다. 사실 한국전쟁 당시만 해도 370만 명의 이재민이 발생했다. 일제강점기에도 수많은 국민이 난민이 되어야 했다. 지금 현재를 기준으로 '왜 우리만 짐을 져야 하느냐'고 물을 수 있는 문제가 아니다. 난민 수용을 위해 우리가 져야 하는 부담을 두고 '자국민과 난민'의 이익을 대립시키는 것은 부당한 일이며, '역차별'을 갖다 붙일 문제는 더더욱 아니다.

공존의 조건을 만드는 방법

"[이대론 대한민국 미래 없다] 100만 명 이주노동자 '투명인간' 취급하는 나라"

"공존: 그들과 우리가 되려면"

진보 성향 언론사의 기사 같지만 각각 2015년 〈한국경제신문〉, 2022년 〈동아일보〉의 특집 기사 제목이다. 이주노동자 문제는 더 이상 이주자 인권 등 인도적인 차원에서만 제기되는 문제가 아니다. 그동안 이주노동자나 결혼 이주 여성의 인권 문제를 고발해온 것은 진보 성향의 언론사들이었으나 최근 몇 년 동안은 보수 성향의 언론사들도 이주자 문제에 큰 관심을 보였다. 인도적인 차원의 시각도 있겠지만 무엇보다 '국익을 위해' 필요한 일이기 때문이다. 한국경제연구원은 2022년 기준 87만 7000명에 달하는 외국인 취업자가 가져오는 경제 효과는 175조 3000억 원에 이른다고 보고했다. 〈한국경제신문〉은 이주노동자가 "뿌리 산업 지탱하는 단단한 토양"이자 경제 기여 효과가 연 20조 원에 달한다면서 "긍정과 희망의 시선으로" 볼 것을 주문했다. 〈동아일보〉 기자들은 취재 후기에서 "이미 삶 깊숙이 들어온 이주민, 공존은 피할 수 없다"고 말했다. 대한민국은 이주노동자 없이는 일분일초도 돌아갈 수 없는 사회가 되었다. 이주노동자는 더 이상 찬성과 반대의 문제가 아니라 대한민국이 존속하기 위해 필요한 존재가 되었고 현실이 그렇다면 적대와 반목 대신 공존의 길을 찾아야 한다는 것이 결론이었다. 당위나 윤리의 문제가 아니라 '현실'의 문제였고 대한민국이라는 나라의 '이익'을 위해서도 필요한 일이었다.

사정이 이러한데도 이주노동자 역시 난민과 마찬가지로 '역차별' 시비가 걸린다. 노동력이 필요한 것은 인정하더라도 특별한 지원을 하는 건 자국민에 대한 역차별이라는 것이다. 2011년 한

국여성정책연구원은 여러 부처에서 편성된 소위 '다문화 사회 정책 예산'을 집계했다. 2008년부터 2010년까지 3년간 지출된 액수는 2900억 원이었다. 주요 항목은 해외 인력 유치, 다문화 가족 지원, 내국인 다문화 이해 증진, 체류·정주자 생활 편의 제공, 외국인 인권 보호, 국경·국정 관리 등이었다. 유학생 유치에 782억 원으로 가장 큰 지출이 있었고 상당수의 지출이 국제결혼 피해 예방, 결혼 이민자 정착 지원, 취학 전 자녀 양육 지원, 아동청소년 자녀 교육 지원, 다문화가족지원센터 지원, 이주자 언어·정보·민원 서비스, 이주자 문화·여가 복지 환경 개선, 피해 이주 여성 구제 등에 사용되었다. 2024년 기준 체류 외국인은 265만 명이 넘고 2010년경에도 이미 100만 명이 넘은 상태였다. 이들의 인권을 위해 과한 예산이 지출되었다고 볼 수는 없다. 게다가 이들과 공존하는 것은 대한민국의 이익을 위한 것이기도 했다.

괴롭히고 비하할 자유는 없다

차별금지법이 동성애를 반대하는 사람에 대한 '역차별'이라는 얘기를 듣고 잠시 귀를 의심했다. 인내심을 발휘하여 차분히 살펴봤더니, 차별금지법이 "동성애에 반대한다"는 말을 할 수 없게 만들기 때문에 동성애를 반대하는 사람이 역차별을 받는다는 것이었다. 즉 동성애자는 차별금지법으로 인해 혜택을 받는 반면 반대급부로 동성애 반대를 말할 '표현의 자유'가 억압되기 때문에 역차별이라는 것이다.

먼저 명백한 오류를 바로잡는다면 차별금지법은 표현을 규제하는 법이 아니다. 동성애를 비난한다고 해서 차별금지법 위반이 되는 건 아니다. 다만 차별금지법의 규율 영역인 고용이나 교육 영역에서 동성애를 비난하는 발언을 한다면 차별의 일종인 '괴롭힘'이 성립하여 규제 대상이 될 수 있다. 예컨대 차별금지법안(장혜영 의원 대표발의)에서는 괴롭힘을 고용, 교육, 재화·용역·시설 등의 공급이나 이용, 행정 서비스 등의 제공이나 이용 등의 영역에서 "적대적·모욕적 환경을 조성하는 등 신체적·정신적 고통을 주어 인간의 존엄성을 침해하는 행위"로 규정하고 있다. 동성애에 대해 부정적인 발언 한마디를 했다고 무조건 문제되는 것은 아니고 고용이나 교육 영역에서 신체적·정신적 고통을 주어 인간 존엄을 침해하는 경우에만 괴롭힘으로 간주된다. 예를 들어 직장 상사가 직원에게 동성애자라고 조롱하며 고통을 주었다면 차별금지법의 규제 대상이 된다. 이것은 단순히 '말'이 아니라 구체적인 '불이익'을 준 것이나 다름없고 따라서 '차별'에 해당한다. 그 직원은 직장에서 평등하게 대우받을 권리뿐만 아니라 노동권을 침해받았다고 할 수 있기 때문이다. 이런 식으로 차별금지법은 표현 자체가 아니라 차별로 간주되는 표현을 금지한다. 기존의 성희롱 규제와 같은 취지다. 광화문 광장에서 여성 비하 발언을 한다고 해서 성희롱법의 규제 대상이 되는 것은 아니다. 하지만 직장에서 여성 비하 발언을 한다면 그것은 여성 노동자에 대한 '차별'로 간주되고 '성희롱'이 성립할 수 있다. 이것을 가지고 '여성을 비하할 표현의 자유가 침해되었다'고 할 수는 없다.

결국 차별금지법과 관련하여 표현의 자유가 제한되는 것은 고용이나 교육 등의 영역에서 신체적, 정신적 고통을 주는 수준의 차별적 발언을 하는 경우다. 그렇다면 차별금지법에 반대한다는 것은 직장이나 학교에서 '괴롭힘의 자유'를 보장해달라는 것이나 마찬가지다. 한쪽에서는 차별금지법을 제정하여 노동권과 교육권을 보장해달라고 하고, 다른 한쪽에서는 '괴롭힘의 자유'를 이야기한다. 이 둘을 대립시켜서 어느 쪽이 혜택을 보고 어느 쪽이 역차별을 당한다고 주장하는 것이 가당키나 한 일일까?

현실 속 차별을 가리는 가짜 논리

한국 사회에서 역차별이라고 주장되는 사례들을 보면 역차별이라는 개념을 들이댈 만한 사안이 아니다. 차별을 금지하려면 기존 관행을 금지하고 기존 권력구조나 자원의 분배를 재조정해야 한다. 이것은 기존의 차별을 해결하기 위한 불가피한 조치이자 차별받아온 사람들의 권리를 회복하기 위한 정당한 조치다. 난민, 이주자, 여성, 성소수자 등이 평등하게 교육받을 권리, 차별받지 않고 일할 권리를 보장하자는 것인데, 그들에게 신체적, 정신적 고통을 줄 권리가 제한된다고 해서 그것이 '역차별'인 것은 아니다. 최소한의 권리 보장을 위해 소수자와 취약 계층에게 예산이 배당된 것을 보고 그들을 세금 도둑으로 몰아가는 것 역시 부당한 일이다. 그렇게 권력구조와 자원 분배를 재조정하지 않으면 그것이야말로 차별을 방치하는 것이다. 정당한 권리 보장에 들어가는 최소한의 비용을 뺏고 뺏기는 제로섬 게임으로 간주하거나 낭비라고 볼 수는 없다. 역차별 주장은 소수자의 권리 옹호에 반대하는 것과 같다. 엄연한 차별의 현실을 방치하자고 하거나 심지어 괴롭힐 자유를 달라는 주장이다.

쟁점

남성도 성차별 피해자가 될 수 있을까

차별에 관한 강의를 하다 보면 주로 여성의 성차별 사례를 예로 들곤 한다. 그런데 남성도 차별받을 수 있는지에 대한 질문을 종종 받는다. 좀 더 일반적으로 바꾸면 다수자도 차별을 받을 수 있느냐는 질문이라고 할 수 있다. 차별은 원래 소수자의 문제이고 차별금지는 소수자의 인권을 위한 것이라는 게 상식이다. 그런데 다수자 차별이라니 생경하게 들린다. 결론부터 말하자면 다수자 차별이 불가능하다고는 할 수 없다. 남성도 차별당할 수 있고 차별을 당한다면 법적 구제가 필요하다. 하지만 간단하게 있다 또는 없다로 얘기하기 어려운 복잡한 문제다.

앞서 설명했듯이 차별금지법은 차별금지 사유로 차별을 개념 정의하고 있을 뿐, 소수자 집단을 직접 적시하지 않는다. 예컨대 '성별을 이유로' 불이익을 주는 것이 차별로 정의되어 있다면 성별을 이유로 불이익을 받는 것은 주로 여성이지만 남성도 '성별을 이유로' 불이익을 받을 수 있을까? 실제로 성별을 이유로 한 차별금지는 여성의 차별과 억압을 철폐하기 위해 시작된 논의이고 지금도 여성 차별이 주된 문제이지만 남성이 차별받는 경우도 있다. 실제로 남성 노동자가 남성이라는 이유로 차별을 받았다면 남녀고용평등법이 적용될 수 있다.

　차별의 역학은 간단하지 않다. 역사적으로 그리고 지금도 성차별은 주로 여성이 당하고 있지만 여성의 사회적 지위가 향상되면서 역전된 현상이 종종 발생한다. 예를 들어 여성이 다수인 기업에서 남성을 성차별할 수도 있고 여성 직장 상사가 남성 부하 직원을 성희롱할 수도 있는 것이다. 이것은 성차별이 완화되어서 발생하는 일이기도 하고 한 사람의 정체성이 복합적이어서 발생하는 일이기도 하다. 어떤 사람이 여성이라고 해도 나이가 많고 직위가 높고 돈이 많으면 그렇지 못한 남성에 비해 권력적으로 우위에 설 수 있다. 성차별이 완화될수록 성별의 차이만으로 압도적인 권력을 행사하기는 어려워진다. 그래서 남성도 성차별을 당할 수 있고 모든 나라의 차별금지법제는 남성의 성차별 가능성을 배제하지 않는다.

　여성을 보호하는 취지로 제정되었던 다른 법에서도 마찬가지다. 성희롱, 성폭력, 혐오표현, 혐오범죄 관련 조항들에도 개념상 여성이 명시되어 있지는 않다. 한때 형법상 성폭력범죄의 객체가 '부녀'로 한정되어 있었지만 2012년 형법 개정에서 '사람'으로 변경되었다(강간, 업무상 위력 등에 의한 간음, 미성년자 간음, 음행매개 등). "성폭력범죄의 처벌 등에 관한 특례법", "가정폭력방지 및 피해자 보호 등에 관한 법률", "성매매알선 등 행위의 처벌에 관한 법률", "스토킹범죄의 처벌 등에 관한 법률"에서도 법의 대상으로 여성이 특정되어 있지 않다. 요즘 자주 논의되는 젠더 기반 폭력gender-based violence은 주로 여성에 대한 폭력violence against women의 문제를 다루고 있지만 기본적으로 성별 차이를 기반으로 발생하는 폭력을 일컫는 것이고 여기에는 남성이나 트랜스젠더에 대한 폭력도 배제되지 않는다. 혐오표현 역시 '여성에 대한 혐오표현hate speech against women'이 주로 문제되어왔지만 혐오표현의 개념은 '성별을 이유로'라고 규정된다. 즉 '성별을 이유로 한 혐오표현hate speech based on sex'의 보호 대상에는 여성뿐만 아니라 남성과 트랜스젠더도 포함된다. 그러니까 남성도 성차별, 성폭력, 혐오표현, 혐오범죄의 피해자가 될 수 있다는 얘기다.

그런데 성차별 등의 피해를 당하는 남성은 성별 이외의 다른 조건이 취약한 경우가 대부분이다. 회사에서 성희롱 피해를 입는 남성은 직급이 낮은 경우가 대부분이고, 장애가 있거나 비정규직인 무슬림 이주노동자라면 사회 곳곳에서 다양한 형태의 차별을 경험할 가능성이 높다. 그런데 이렇게 차별에 취약한 남성 개인도 '다수자'

라고 할 수 있을까? 이 차별 역시 소수자로서 당한 차별이라고 본다면 차별은 소수자 문제라는 명제는 여전히 유효하다.

또 하나 짚고 넘어갈 점은 차별금지법이 남성을 성차별의 피해자로서 배제하지 않는다는 것이지, 여성과 남성의 권력구조가 붕괴되었기 때문에 성차별의 문제에 '성별 중립적'으로 접근해야 한다는 얘기는 아니라는 것이다. 실제로 현실에서는 성희롱, 성폭력, 혐오범죄 등에 여전히 여성 피해자가 압도적으로 많다. 한국법제연구원에서 실시한 조사(《데이터에 기반한 입법 평가: 사회적 약자를 위한 입법2(남녀고용평등법)》, 2020)에서도 과거 직장의 교육·배치·승진과 관련해 차별을 경험한 남성이 17.8퍼센트, 여성이 35.9퍼센트로 상당한 차이가 있으며, 현재와 과거 직장의 모집·채용, 임금 차별, 임금 외 금품, 정년·퇴직·해고 등에서 남녀 차이가 분명한 것으로 드러났다. 국가인권위의 성희롱 진정 건수(2012~21)를 보면 여성이 85.5퍼센트를 차지하고 있고, 미국 평등고용기회위원회EEOC의 성희롱 진정 건수(2018~21)를 보면 여성이 78.2퍼센트를 차지하고 있다. 2023년 미국 FBI 통계에 따르면 미국의 젠더 혐오범죄 피해자는 여성이 91건, 남성이 34건이었다. 유엔난민기구가 "젠더 기반 폭력은 불균형적으로disproportionately 여성과 소녀에게 영향을 미치며, 배제된 상황에서 젠더 기반 폭력에 노출될 위험이 증가"한다고 지적한 것도 같은 맥락이다. 이것은 여성에 특화된 정책이 여전히 필요하다는 것을 잘 보여준다. 여성의 권리가 예전에 비해서 향상된 것은 사실이지만 그렇다고 "성차별은 남녀에게 똑같은 문제"라고 보는 것은 적절치 않다.

여성에 대한 특별한 정책은 여전히 필요하다. 그런 점에서 현행 남녀고용평등법의 전체 구조에 주목해볼 필요가 있다. 남녀고용평등법의 전반부는 '차별'받을 수 있는 대상으로 남성과 여성을 달리 대우하지 않는다. 차별의 개념에서부터 시작해서 모집과 채용, 임금, 임금 외 금품, 교육·배치 및 승진, 정년·퇴직 및 해고, 성희롱 등과 관련한 차별은 남녀 구분 없이 적용된다. 하지만 직업 능력 개발 및 고용 촉진, 경력 단절 여성 지원, 적극적 고용 개선 조치 등의 정책 대상은 '여성'이다. 즉 차별금지라는 소극적인 정책은 남녀 구분이 없지만 평등을 증진하는 적극적인 정책의 수혜 대상은 여성으로 보고 있는 것이다. 이것은 앞서 설명한 대로 법개념에서 남성차별을 배제해서는 안 되지만 여전히 여성에 대한 차별이 주된 정책 대상임을 보여주는 것이다. 같은 맥락에서 여성 전용 공간이나 여성에게만 특화된 지원은 차별의 예외로 인정될 여지가 충분하지만 남성 전용 공간이나 남성에게만 특화된 지원은 정당성을 인정받기가 매우 어려울 것이다. 요컨대 차별금지법상 차별의 개념 규정은 형식상 중립적이고 남성이 성차별을 당할 가능성을 배제하지 않지만 그렇다고 성차별이 남녀에게 동등한 문제인 것은 아니며 여전히 여성의 평등을 증진하기 위한 적극적인 정책은 필요하다는 것이다.

10장 종교와 차별

"한국은 왜 차별금지법을 제정하지 못하고 있나요?" 외신 기자나 외국의 학자들에게 자주 질문을 받는다. 도저히 이해할 수 없다는 눈초리다. 보수 개신교에서 반대하기 때문이라고 답하면 더 이해할 수 없다는 반응이다. 기독교 국가도 아닌 한국이 개신교의 반대로 법 제정이 막혀 있다는 건 누가 봐도 이상한 상황일 것이다.

2013년이 중요한 기점이었다. 2013년 민주당 의원들이 두 건의 법안을 발의했다. 대표발의자인 김한길 의원이 그해 5월 민주당 대표가 되었으니 꽤 무게가 실린 법안이었다. 하지만 이 두 법안은 일부 보수 개신교계의 항의에 부딪혀서 석 달 만에 철회되었다. 법안 철회는 최악의 뒷맛을 남겼다. 차라리 발의조차 못했다면 다음을 기약하면 된다. 하지만 법안 철회는 반대에 굴복한 적극적인 행위다. 절차적으로는 발의에 참여한 의원들을 일일이 찾아다니며 서명을 받아야 가능한 일이기도 하다. 차별금지법안 반대 세력들은 승리의 기쁨에 환호했고 '우리는 할 수 있다'는 자신감을 갖게 되었다. 반대로 정치인들에게는 차별금지법 발의가 정치 생명을 걸어야 하는 '위험천만한 일'로 인식되기 시작했다. 이후 7년 동안 국회에서는 단 한 건의 차별금지법안도 발의되지 못했다.

2013년 차별금지법안 철회 이후

법안 철회 사태는 이후에도 계속되었다. 차별금지법 철회로 고무된 보수 개신교 세력은 그 후 인권, 인권위, 젠더, 성평등, 차별 등의 키워드가 담긴 법안들을 깨알같이 찾아내 시비를 걸었고 국회의원들은 백기를 들었다. 19, 20대 국회에서 퇴행적 사건들이 연달아 일어났다. 인권교육지원법안(2014, 2018)은 인권 교육이 동성애를 확산시킨다는 이유로, 증오범죄통계법안(2016)은 차별금지법 제정을 위한 징검다리 법안이라는 이유로, 인권 경영을 추진하는 국가인권위원회법 개정안(2016)은 동성애자의 우선 취업을 보장한다는 이유로, 건강가정기본법 개정안(2016)은 가족 형태에 따른 차별금지가 동성 가정을 허용한다는 이유로, 인권위 권한을 강화하는 국가인권위원회법 개정안(2018, 2019)은 동성애 옹호 조직을 강화한다는 이유로, 정보통신망법 개정안(2018)은 동성애 반대 표현이 금지된다는 이유로, 혐오표현규제법안(2018)은 동성애를 반대하는 표현을 처벌한다는 이유로, 성차별·성희롱금지법안(2019)은 성차별 금지가 동성애 옹호와 연결된다는 이유로, 정보통신망법 개정안(2023)은 유사 차별금지법이라는 이유로 항의를 받았고 결국 모두 철회되었다. 하나같이 어처구니없는 이유였지만 굴복한 것이다.

새누리당·자유한국당 의원들이 순수한(?) 마음으로 법안을 냈다가 성급히 철회했던 것이 블랙코미디였다면 민주당 의원들이 법안을 냈다가 철회했던 것은 황망하고 서글픈 일이었다. '인권위가 강화되면 동성애가 확산된다'는 등의 어이없는 이유로 멀쩡한 법안들이 수차례 철회된 것은 우리 입법사의 가장 참담한 순간으로 남게 되었다. 파장은 지역사회에도 이어졌다. 2014년 서울시에서 인권헌장 제정이 좌절된 것은 2013년 차별금지법안 철회에 비견될 만큼 나쁜 선례가 되었다. 2012년 이후 70개가 넘는 인권조례가 입법 예고되었다가 철회되었고 급기야 2018년에는 충남과 충북 증평군에서 인권기본조례가 폐지되는 사태로까지 이어졌다.

종교의 자유 vs 차별금지법

보수 개신교에서 차별금지법에 반대하는 이유는 차별금지법이 종교적 신념에 반하며 더 나아가 종교의 자유를 침해한다는 것이다. 대표적으로 "동성애 비판 설교를 하면 징역형에 처해진다"는 주장이 있다. 전형적인 가짜뉴스다. 해외의 사례까지 들어가며 그럴듯하게 설명하고 있지만 사실 해외에서 동성애 비판 설교를 하다가 잡혀간 사례는 공공장소에서 타인을 위협하거나 모욕하는 언동으로 괴롭힘, 공포, 고통을 초래하는 행위를 금지하는 공공질서법을 위반한 것이 문제였다. 게다가 한국의 차별금지법안은 시정권고를 주된 구제 수단으로 두고 있다. 차별을 당했다고 신고한 사람에게 보복을 하거나 불이익을 주는 악의적인 경우에만 형사처벌될 수 있을 뿐, 나머지 차별 행위에 대해서는 형사처벌 자체가 불가능하다. 즉 동성애 비판 설교는 물론이고 거리에서 동성애를 비판하는 집회를 하거나 인터넷에 게시물을 올려도 차별금지법의 규율 대상은 아니다.

차별금지법이 세상만사에 관여할 것처럼 오해하기도 하지만 사실 차별금지법은 세상의 모든 차별을 빠짐없이 금지하는 법이 아니다. 차별금지법의 대상이 되는 영역은 (1) 공공 서비스, (2) 고용, (3) 재화와 용역의 이용이나 공급, (4) 교육, 이렇게 네 영역으로 한정되어 있다. 그러니까 이 네 영역에서의 차별만 금지되고 이 영역 밖에서의 차별은 법으로 규율되지 않는다. '종교'라는 영역은 차별금지법의 규율 영역에서 제외되어 있는 것이다.

실제로 가톨릭은 여성 사제를 허용하지 않는 원칙을 고수하고 있다. 일부 개신교 교단에서는 여전히 여성 목사 안수를 인정하지 않는다. 차별금지법에 관해 긍정적인 입장을 가진 불교계도 조계종의 경우 비구니(여성)는 총무원장, 교육원장, 포교원장, 교구 본사 주지 등을 맡을 수 없다. 명백한 성차별이다. 하지만 이러한 종교계의 성차별은 차별금지법이 금지하는 차별에 속하지 않는다. 이렇게 명시적인 차별 외에도 종교계의 은밀한 성차별 관행은 적지 않다. 하지만 차별금지법은 종교의 내부 문제에 개입하지 않는다. 허용한다거나 인정한다는 뜻이라기보다는 법이 개입하여 해결하는 것이 바람직하지 않다고 보기 때문이다.

'종교의 자유'에 대한 오해와 진실

그렇다고 차별금지법과 종교의 접점이 전혀 없는 것은 아니다. 종교가 종교 밖으로 나와 사회와 접속하게 된다면 차별금지법의 규율 대상이 된다. 종교의 자유는 폭넓게 인정되지만 어떤 종교의 특정 교리를 '사회'에서 실행에 옮기려고 한다면 얘기가 달라진다. 만약 종교계가 자신의 교리에 입각하여 회사, 교육기관,

사회복지시설 등을 운영한다면 더는 종교의 자유를 내세울 수 없다는 말이다. 세속국가에서는 특정 종교의 교리가 사회에서 그대로 관철되는 것을 허용하지 않는다. 종교가 모든 사람이 자유롭고 평등하게 살아가야 할 사회에 나왔을 때는 당연히 공동체의 기본 규칙을 준수해야 한다. 예를 들어 여성 성직자나 동성애자 성직자를 인정하지 않는 종교의 교리는 법의 규율 대상이 아니지만 종립 학교나 종립 사회복지시설에서 여성이나 동성애자를 차별하는 것은 금지되어야 마땅하다. 앞서 언급한 차별금지법의 네 가지 영역은 종교의 자유가 허용되는 경계를 규정하고 있다고 할 수 있기에 이 영역들에서만큼은 종교의 자유를 내세워서 '차별'할 수 없으며 차별금지라는 원칙이 준수되어야 한다.

일부 개신교 지도자들은 동성애에 반대하는 종교적 입장이 차별금지법에 의해 규제받는다면서 '역차별'이라고 주장한다. 하지만 차별금지법은 교리 자체를 규제하거나 종교의 내적 질서에 관여하지 않는다. 다만 그 교리가 회사에서, 학교에서, 사회복지시설에서 관철되는 것을 금지할 뿐이다. 역차별을 끌어들여 문제를 꼬아놓지 말고 정확하게 어떤 자유가 침해되는지, 어떤 자유를 보장받고 싶은지 솔직하게 털어놓는다면 문제가 선명해진다. 차별금지법은 종교의 자유를 제한하는 것이 아니라 회사에서 트랜스젠더라는 이유로 해고할 자유, 대학에서 동성애자 학생을 차별할 자유, 사회복지시설에서 성소수자를 괴롭힐 자유를 금지하는 것이다. 이러한 자유를 종교의 자유라는 이유로 보장할 수는 없다. 특정 종교의 교리 때문에 회사에서, 대학에서, 사회복지시설에서 차별할 자유, 괴롭힐 자유가 인정될 수는 없다. 차별금지법은 정확히 이 지점에서부터 선을 긋는다. 종교의 자유는 존중되어야 하지만 종교가 사회와 접촉면을 만들었을 때는 공동체의 모든 시민이 자유롭고 평등하게 살아갈 수 있는 조건을 침해하지 말아야 한다.

동성애에 반대하는 보수 개신교의 입장을 고용이나 교육 영역에서 실현할 수 없다고 해서 너무 억울하게 생각할 필요는 없다. 이것은 개신교에만 적용되는 원칙이 아니라 모든 종교에 두루 적용되는 세속국가의 대원칙이기 때문이다. 무정부주의를 표방하는 종교가 실제로 무정부 상태를 만들기 위한 군사 무장을 한다면 당연히 규제 대상이 된다. 종교계가 운영하는 회사에서도 성차별은 금지된다. 강제 결혼이나 조혼, 여성 할례 등을 정당화하는 종교가 그것을 실행에 옮기려고 하면 엄벌에 처해야 마땅하다. 불교계 회사에서 불교도만 채용한다면? 원불교계 택시 회사에서 원불교 신자만 손님으로 받고 가톨릭계 대학에서 가톨릭 신자만 교직원으로 채용한다면 어떻게 될까? 이런 세상에서는 시민들이 삶의 모든 순간순간마다 종교를 의식하면서 살아야 할 것이다. 하지만 종교 중립적인 세속국가에서는 모든 시민에게 어떤 종교를 믿건 믿지 않건 종교를 이유로 차별받지 않을 거라는 신뢰를 줘야 하고 그런 신뢰 속에서 살아갈 수 있는 '환경'을 조성해야 한다. 이것은 종교 간의 분쟁을 막고 공동체의 안전을 도모하기 위한 최소한의 안전장치이기도 하다. 차별금지법은 바로 그러한 '공존의 조건'을 마련하는 법이다.

　　종교가 사회와 만날 때 사회로부터 수많은 혜택을 받게 된다는 점도 잊지 말아야 한다. 예를 들어 종교 재단에서 운영하는 학교는 국가가 마련한 교육과정과 시스템 내에서 운용되고 국가가 인정하는 공식 학위를 수여한다. 국가로부터 직접적인 재정 지원을 받기도 한다. 이러한 혜택을 공유하기 때문에 종교가 사회에 진출했을 때는 사회의 기본적인 규칙을 준수할 의무가 도출되는 것이다. 사회의 혜택을 안 받아도 좋으니 자유를 누리고 싶다면? 그건 상관없다. 실제로 차별금지법에서 차별이 금지되는 '교육기관'은 "교육부장관의 평가인정을 받은 학습과정을 운영하는 교육훈련기관" 등에 한정되어 있다. 그러니까 차별금지법의 적용을 피하려면 국가의 교육 시스템과 무관하게 독자적으로 운영되는 교육기관을 만들면 된다. 다시 강조하지만, 차별금지법은 세상의 모든 차별을 남김없이 규제하는 법이 아니다.

종교가 사회와 접속하는 방법

그렇다고 차별금지법이 종교와 사회를 절연시키는 것은 아니다. 종교의 이념이 세속화된 형태로 사회에 영향을 미치는 것은 얼마든지 허용된다. 예컨대 어떤 대학에서 교직원을 채용할 때 신앙 증명서를 요구해서는 안 되지만 "'진리가 너희를 자유케 하리라'는 성경 말씀을 바탕으로 진리와 자유의 정신"이라는 건학 이념(연세대)이나 "불교 정신을 바탕으로 (…) 민족과 인류 사회 및 자연에 이르기까지 지혜와 자비를 충만케 하여 서로 신뢰하고 공경하는 이상세계의 구현"이라는 건학 이념(동국대)에 동의하는지 여부를 묻는 것은 문제될 게 없다. 신앙을 강요해서는 안 되겠지만, 종교에 바탕을 둔 건학 이념에 따라 학교를 운영하는 것은 당연히 보장되어야 한다.

종교 제례의 형식으로 운영되는 채플 수업을 의무화하는 것은 문제될 수 있지만 성경 말씀을 바탕으로 재구성된 그 대학 특유의 건학 이념을 교육하는 것은 '종교의 자유'와 '대학의 자율성'으로서 존중될 수 있다. 예수의 가르침을 진리와 자유라는 보편적인 이념으로 승화시키고 부처의 자비를 상호 신뢰와 공경이라는 숭고한 가치로 재해석하여 대학을 운영하는 것이야말로 세속국가에서 종교가 사회에 기여할 수 있는 좋은 방법이다. 이런 식으로도 얼마든지 종교는 사회와 교류하고 선한 영향력을 미칠 수 있는 기회가 열려 있다. 특정 종교의 신자들만 채용하고 교육해야 종교의 자유가 지켜질 수 있다는 편협한 생각에서 벗어나야 하지 않을까?

평등한 사회가 종교를 바꾼다

종종 종교계 모임에서 차별금지법에 대해 강연해달라는 요청을 받는다. 차별금지법이 종교를 직접 규제하지 않는다는 말씀을 드리면 실망하는 분들도 적지 않다. 나를 초대한 분들은 대부분 종교계의 각종 차별에 맞서 분투하고 계신 분들이기 때문이다. 그분들이 얼마나 힘들고 외로운 싸움을 하고 있는지 잘 알고 있다. 진심으로 경의를 표한다. 그분들께는 종교 밖에서 차별을 금지하는 것과 종교계의 차별을 금지하는 것이 분리되어 있지 않다는 말씀을 드리곤 한다.

종교는 끊임없이 종교 밖 사회와 교류하며 영향을 주고받는다. 사회가 평등해지는 만큼 종교계도 평등해진다. 실제로 사회에서 차별적 관행이 개선됨에 따라 종교계의 차별도 조금씩 줄어들고 있다. 한국 개신교만 해도 1959년 연합감리교회를 시작으로 여성 목사를 인정하는 교단이 계속 늘어났다. 사회에서는 더 이상 여성이라는 이유로 특정한 직업을 갖지 못하는 것은 상상하기 어려운 일이 되었다. 그런데 교회만 여성 목사는 안 된다고 할 수는 없었을 것이다. 미국 개신교는 더 이상 동성애에 적대적이지 않다. 미국의 주류 장로교가 이미 오래전에 동성애를 포용하기 시작했고 2025년에는 주류 감리교도 동성애 포용 정책에 합류했다. 동성애자에 대한 차별이 점차 줄어들고 동성혼이 도입된 마당에 교회만 세상의 변화에 나 몰라라 할 수는 없었을 것이다. 어떤 법도 종교계에 이래라저래라 명령한 바가 없지만 사회의 변화가 종교계의 변화를 끌어낸 것이다. 그럼에도 여전히 남아 있는 종교계의 여러 차별적 관행들은 사회가 더 평등해지는 만큼 점차 개선될 것이다.

여전히 일부 개신교 교단에서는 성소수자를 축복했다거나 동성애에 우호적인 책을 냈다는 이유로 성직자를 징계하려고 하지만 이는 피할 수 없는 사회 변화에 저항하는 마지막 몸부림일 뿐이다. 세상의 변화에 적응하지 않는 종교는 도태될 수밖에 없다. 물론 차별금지법이 이러한 무도한 시도를 직접 규제할 수는 없을 것이다. 하지만 차별금지법이 만드는 평등한 세상에서는 이런 일이 반복되기 어려울 것이다.

> 쟁점

특정 종교가 반대 하는 법을
제정할 수 없다?

잘 알려진 바와 같이 차별금지법을 반대하는 핵심 세력은 보수·극우 개신교다. 차별금지법에 부정적인 정치인들의 상당수는 개신교 신자인 경우가 많다. 지역구 여론 때문에 동참하기가 쉽지 않다는 정치인들은 '지역구 교회'의 반대가 부담된다고 토로하곤 한다. 답답한 일이다. 특정 종교의 일부 신자들이 반대한다는 이유로 어떤 법이 제정될 수 없다는 것은 아무리 생각해도 이상한 일이다.

대한민국은 국교가 인정되지 않고 종교와 정치가 분리되어 있으며(헌법 20조 2항), 공무원은 종교에 따른 차별 없이 직무를 수행하여야 할 의무가 있다(국가공무원법 59조의2 1항). 차별금지법은 표현의 자유, 종교의 자유를 침해한다고들 한다. 하지만 앞서 얘기했듯이 차별금지법은 차별이 성립할 경우에 금지하는 것이지, 종교적 신념이나 표현 자체를 규제하는 법이 아니다. 그리고 이것은 개신교뿐만 아니라 모든 종교에 동일하게 적용된다.

세계 기독교계에서 동성애 혐오가 점점 설 땅을 잃고 있는 것과는 대조적이다. 기독교적 전통으로 만들어진 유럽 대부분의 국가나 대통령이 성경에 손을 얹으며 취임하는 미국의 대부분 주에서는 동성혼이 허용되어 있다. 왜 한국만 보수 개신교 일부의 종교적 신념이 공적 영역에서 이렇게 광범위한 영향력을 발휘해야 하는지 의문이다.

한국의 개신교가 차별금지법에 반대한다는 것도 오해다. 지난 몇 년 동안 '혐오하는 종교'가 아님을 증명하기 위해 절박하게 싸워 온 개신교인들이 있다. 차별금지법 제정 논의가 한창이던 2020년 한국기독교교회협의회 인권센터, 천주교인권위원회, 대한성공회 정의평화사제단 등 기독교 81개 단체는 "그리스도인은 모든 사람을 위한 차별금지법/평등법을 지지한다"는 성명을 냈다. 한국기독교장로회도 차별금지법 제정에 찬성하는 입장을 발표했다. 2021년에는 개신교와 천주교계 27개 단체가 '차별과 혐오 없는 평등 세상을 바라는 그리스도인 네트워크'를 결성했다. 그들은 "우리는 '그리스도인인데도' 차별금지법 제정을 지지하는 것이 아니라 '그리스도인이기에' 지지한다"고 밝혔다. 2022년 한국기독교사회문제연구원의 조사에 따르면, 개신교인의 42.4퍼센트가 차별금지법에 찬성한다고 응답했다. 반대는 31.5퍼센트였다. 특정 종교계가 반대한다는 이유로 어떤 법이 제정될 수 없다는 것 자체도 있을 수 없는 일이지만, 개신교가 반대하기 때문에 차별금지법을 제정할 수 없다는 것 또한 더 이상 사실이 아니다.

차별금지법은 특정 종교를 겨냥한 법이 절대 아니다. 오히려 어느 종교도 종교적 신념을 이유로 공적 영역이나 고용, 교육 등 필수적인 삶의 영역에서 차별 행위를 해서는 안 된다는 취지의 법이다.

3부
차별금지법이 필요하다

11장 차별금지법의 역사와 현주소

2025년 대선에서 국제앰네스티 한국 지부는 대선 후보 네 명에게 10대 인권 의제에 대한 입장을 물었다. 대선 후보들의 응답은 실망스러웠다. 포괄적 차별금지법 제정, 성소수자 권리 보호 등에 대해 '추진한다'고 속 시원하게 응답한 후보는 권영국 후보뿐이었다. 이재명 대통령은 대선 후보 시절 "방향은 맞는다고 보지만 현안이 복잡하게 얽혀 있어서 이걸로 새롭게 논쟁 갈등이 심화되면 지금 당장 해야 할 일을 하기 어렵다"고 했고 당선 직후에도 "일단 민생과 경제, 이게 더 시급하다는 생각이 든다"며 유보적인 태도를 취했다. "우리 사회의 중요한 과제 중 하나이긴 하다"라고 덧붙인 게 그나마 희망적인 부분이다. 국회 상황도 녹록지 않다. 21대 국회에서는 이런저런 움직임이라도 있었지만 22대 국회에서는 입법 발의조차 안 되고 있다. 어쩌다가 이 지경이 되었을까?

노무현 대통령의 유산, 차별금지법

차별금지법의 역사는 2003년 노무현 정부 시절까지 거슬러 올라간다. 2001년 출범한 국가인권위원회는 '인권 침해'와 '차별 행위'에 대한 진정을 받고 구제 조치를 할 수 있었다. 인권 침해가 무엇인지는 헌법을 비롯한 각종 법률에 참조할 만한 내용이 많이 있었다. 그래서 국가인권위원회법에 인권의 개념을 "대한민국 헌법 및 법률에서 보장하거나 대한민국이 가입·비준한 국제인권조약 및 국제관습법에서 인정하는 인간으로서의 존엄과 가치 및 자유와 권리를 말한다"고 간단히 규정하는 것으로 충분했다. 반면 차별 행위는 그렇지 않았다. 차별에 대한 진정을 받아야 하는데 정작 차별이 무엇인지를 참조할 만한 법은 거의 없었던 것이다. 그래서 차별 행위에 대해서는 여덟 줄에 걸쳐 길게 정의 조항을 규정해놓았다(국가인권위원회법 2조).

하지만 겨우 여덟 줄의 정의 조항을 가지고 차별에 대한 진정을 받고 판단을 한다는 것은 쉬운 일이 아니었다. 인권위는 차별 판단 지침을 만드는 등 나름대로 기준을 정하고 결정례를 통해 차별 개념을 확립시켜나갔지만 역부족이었다. 국가인권위원회법에 차별 개념을 정의해놓긴 했지만 후속 입법으로 차별금지법이 절실히 필요했던 것이다. 국가인권위원회법은 차별금지법 없이는 불완전했고 인권위가 차별 업무를 제대로 수행하기 위해서는 차별금지법이 반드시 필요했다. 인권위에 차별 업무를 맡겨놓고 차별금지법을 제정하지 않는 것은 무책임한 일이었다.

다행히 노무현 정부는 이 과업을 이해하고 있었다. 김대중 정부는 국가인권위원회를 탄생시켰고 노무현 정부는 그 공을 이어받아 차별금지법을 제정하고자 했다. 노무현 대통령은 공약으로 차별금지법 제정을 약속했고 취임 직후인 2003년부터 국가인권위원회가 차별금지법 성안에 착수하여 2006년에는 차별금지법 제정을 권고하기에 이르렀다.

이때부터 차별금지법을 둘러싼 싸움이 시작되었다. 한편으로는 차별에 고통받던 시민들과 일찌감치 차별 문제에 눈뜬 시민단체들의 적극적인 지지가 있었지만 일부 보수 개신교 세력의 거센 항의에 부딪혔다. 결국 2007년 법무부는 기존의 인권위 안에서 크게 후퇴한 차별금지법안(정부 발의안)을 내놓게 된다. 이마저도 국회의 문턱을 넘지 못하게 되면서 최초의 차별금지법 제정 시도는 실패로 돌아가게 된다.

보수 정부하에서도 차별금지법 제정을 위한 여정은 중단되지 않았다. 이명박-박근혜 정부 시절에도 차별금지법 논의는 희미하게나마 그 명맥이 유지되었던 것이다. 이명박 정부는 법무부에 '차별금지법 특별분과위원회'를 설치했고 "동등대우법"이라는 법안을 성안하기도 했다. 2012년 수립된 2차 국가인권정책기본계획에도 차별금지법 제정 계획이 포함되어 있었다. 박근혜 정부는 아예 '국정 과제'에 차별금지법 제정 추진을 포함시켰다. 법무부에 차별금지법 TF가 설치되었고 동등대우법안도 만들었다. 적극적인 의지가 있었던 것은 아니고 시늉만 했을 뿐이라고 평가절하할 수도 있지만 그래도 논의 자체가 중단되지 않았다는 것은 의미가 있었다. 17, 18, 19대 국회에서도 민주당, 민주노동당, 통합진보당 의원들이 꾸준히 의원 입법 법안을 제출했다.

그렇게 겨우겨우 명맥을 유지하던 차별금지법 논의가 자취를 감춘 것은 2013년 이후다. 앞서 언급했듯이 2013년 민주통합당 소속의 최원식 의원과 김한길 의원이 각각 의원 12명과 51명의 서명을 받아 차별금지법안을 발의했다가 일부 보수 세력의 항의로 법안을 철회한 충격적인 사건이 있었다. 국회의원 수십 명의 서명을 받아 제출된 법안이 철회되었다는 것은 정말이지 최악의 메시지를 던진 셈이었다. 차별금지법 반대 세력에게는 '우리가 법안을 철회시킬 수 있다'는 자신감을 주었고 정치인들에게는 차별금지법 추진이 많은 용기가 필요한 '위험한 일'이라고 각인시킨 계기가 되었다.

2007년 정동영 대선 후보와 2012년 문재인 대선 후보는 차별금지법 제정을 공약에 담았지만 2017년 문재인 대선 후보의 공약에는 차별금지법 제정이 빠졌고 국정 과제로 채택되지도 못했다. 20대 국회(2016~20)에서는 발의조차 되지 못했다. 김대중 대통령의 유산을 노무현 대통령이 이어받았고, 이명박 대통령과 박근혜 대통령도 추진했으며, 정동영 대선 후보와 문재인 대선 후보도 약속했던 차별금지법이 문재인 정부에서 완전히 중단된 것이다.

차별금지법의 좌절은 다른 인권·평등 관련 입법에도 영향을 미쳤다. 2013년 차별금지법안 철회에 성공하면서 기세가 오른 차별금지법 반대 세력은 인권, 성평등, 차별, 젠더와 관련된 모든 종류의 법안에 반대하고 나섰다. 2014년에는 인권교육지원법안이, 2016년에는 증오범죄통계법안이 철회되었다. 2016년과 2018년, 2019년에는 국가인권위원회법 개정안 다섯 건이 모두 철회되었다. 이 중에는 유승민, 조원진, 조경태 등 보수 정당 의원들이 대표 발의한 것들도 있었으나 그들은 인권위나 차별에 조금이라도 연관된 내용이 있으면 막무가내로 반대하고 법안 철회를 압박했다. 2018년에는 인권교육지원법안과 혐오표현규제법안, 정보통신망법안이, 2019년에는 성차별·성희롱금지법안 두 건이 비슷한 이유에서 각각 철회되었다. 2016년에는 민주당이 다수당이 되었고

2017년에는 문재인 대통령이 임기를 시작했으나 상황은 전혀 달라지지 않았다. 지방에서도 똑같은 이유로 인권과 차별 관련 조례가 발의되었다가 철회되었고 멀쩡한 조례가 폐지되는 사태까지 벌어졌다. 이쯤 되면 '역사의 퇴행'이라고 해도 틀린 말이 아닐 것이다.

다행히 2018년부터 조금씩 다른 움직임이 시작되었다. 2018년 최영애 국가인권위원장이 취임하면서부터 인권위가 차별금지법 제정에 본격적으로 나서기 시작했고 시민사회에서도 차별금지법제정연대가 법 제정 운동에 시동을 걸었다. 2020년 국회의원 선거에서 민주당이 압승을 거두면서 분위기는 더 고조되었다. 2020년 6월에는 국가인권위원회가 차별금지법 제정을 촉구하는 의견 표명을 결의했다. 학계의 분위기도 뜨거웠다. 2020년에는 법-인권 전공 교수와 연구자 248명이 차별금지법 제정을 지지하는 선언에 동참했고 수많은 학술 세미나와 토론회가 열렸다. 시민사회도 모든 역량을 총동원해서 차별금지법 제정에 나섰다. 2021년에는 국회의 국민동의청원에 10만 명이 동의하기도 했다.

종교계의 움직임도 인상적이었다. 개신교계가 차별금지법 제정에 반대한다고 알려졌지만 차별금지법에 찬성하는 개신교인들의 목소리도 만만치 않았다. 여러 차례의 간담회, 토론회, 강연회 등을 통해 차별금지법이 그리스도교의 정신과 배치되지 않음을 확인해나갔다. 2020년 7월에는 110개 이상의 개신교계 단체와 개인이 차별금지법 제정을 위한 그리스도인 성명서를 발표하고 국회에 전달했다. 2021년에는 30여 개 개신교·천주교 단체가 뜻을 모아 '차별과 혐오 없는 평등 세상을 바라는 그리스도인 네트워크'를 발족시켰다. 더 이상 한국 개신교가 혐오와 차별을 용인하는 종교로 비쳐서는 안 된다는 절박한 심정이 느껴졌다.

2022년 봄은 그 정점이었다. 차별금지법제정연대의 미류 집행위원과 이종걸 공동대표는 차별금지법 제정을 걸고 국회 앞 단식농성을 벌였다. 무려 46일간이나 이어진 단식농성 동안 24회의 기자회견과 35회의 문화제가 열렸고, 사회 각계 인사 813명이 시국 선언에 참여했다. 동조 단식 참여자가 1000명에 달했고, 차별금지법 제정 촉구 성명서에 5735명이 연명했다. 시민사회의 모든 역량이 국회 앞 농성장으로 집결되었다고 해도 과언이 아니었다.

국회의 움직임도 있었다. 법안 발의조차 못 했던 20대 국회와는 달리 21대 국회에서는 차별금지법안(2020년 6월 29일 장혜영 의원 등 10인), 평등 및 차별금지에 관한 법률안(2021일 8월 31일 권인숙 의원 등 17인), 평등에 관한 법률안(2021년 8월 9일 박주민 의원 등 13인), 평등에 관한 법률안(2021년 6월 16일 이상민 의원 등 24인) 등 총 네 건의 차별금지법안이 발의되었다. 이번에는 형식적인 발의에만 그치지 않았다. 2022년 5월 국회 법제사법위원회에서 차별금지법 공청회가 열렸다. 국민의힘 의원들이 불참한 반쪽짜리긴 했지만 차별금지법 제정안이 처음 발의된 2007년 이후 15년 만에 법안 발의 그다음 단계로 나아간 것은 의미 있는 일이었다. 나도 이 역사적인 공청회에 진술인으로 참여할 수 있었다. 2022년 12월에는 법사위 소위의 법안 심사 단계까지 갔지만 더 이상의 진전은 없었다.

2021년 11월 문재인 대통령은 국가인권위원회 설립 20주년 기념식에서 차별금지법 제정이 "우리가 인권 선진국이 되기 위해서 반드시 넘어서야 할 과제"라고 말했다. 원론적인 수준의 얘기지만, 드디어 차별금지법 제정의 필요성에 대해서 언급한 것이었다. 하지만 이때는 이미 차기 대선 국면에 돌입한 상태였고 정부가 할 수 있는 일은 더 이상 없었다. 그리고 2022년 5월 윤석열 대통령이 임기를 시작하면서 차별금지법 제정은 더욱 어렵게 되었다.

2024년 총선에서 민주당이 압승했지만 차별금지법을 지지하는 의원들의 수는 크게 줄어들었다. 의미 있는 역할을 해주던 정의당 의원들도 모두 낙선했다. 반면 차별금지법을 서두를 필요가 없다고 노골적으로 얘기하는 의원들이 하나 둘 나오기 시작했다. 민주당이 압도적인 다수 의석을 확보했지만 법안 발의에 서명할 10명의 의원조차 확보하기 힘든 상황이 된 것이다.

사회적 합의는 핑계가 될 수 없다

차별금지법 자체에 반대해온 국민의힘 등 보수 정치권은 논외로 하자. 민주화의 적통을 계승한다는 정치 세력이 김대중·노무현 대통령의 유산인 차별금지법 제정에 왜 이토록이나 부정적인 입장을 갖게 되었을까? 그동안 차별금지법 제정을 주저했던 이유로 내세운 것은 '사회적 합의가 부족하다'는 것으로 집약된다. 하지만 사회적 합의가 문제라는 분들께는 차별금지법만큼 오랫동안 광범위한 사회적 합의를 형성해온 법안이 또 있었는지 되묻고 싶다.

정부와 국회가 차별금지법을 외면하는 사이에 시민사회의 문제의식은 오히려 높아졌다. 최근 몇 년간 각종 시민단체, 학술단체, 법조인단체 등에서 수차례에 걸쳐 차별금지법을 주제로 토론회, 강연회, 설명회 등을 열었다. 언론은 혐오와 차별의 현실부터 차별금지법의 필요성까지 다각도로 차별금지법의 문제를 다뤘고 KBS, MBC, SBS, JTBC 등 방송사들도 치밀한 팩트체크를 통해 '방송의 공적 책임'을 유감없이 발휘했다. 어떤 단일 법안에 대해 사회 각계각층에서 이렇게 많은 논의가 있었던 적은 아마 없었을 것이다.

국가인권위원회의 2020년 인권 실태조사에 따르면 1년간 어떤 이유로든 차별을 경험한 적이 있다고 응답한 비율은 29.5퍼센트에 달한다. 〈시사저널〉에서 실시한 조사에서는 10명 중 여섯 명이 "우리 사회가 차별금지법을 제정할 만큼 차별과 혐오가 심각하다"고 답했다. 2021년 국가인권위원회 혐오표현 인식조사에서는 10명 중 일곱 명이 혐오표현을 경험했다고 답했다. 각종 실태조사에서도 결혼 이주 여성, 난민, 이주노동자, 동성애자, 인종적 소수자, 종교적 소수자, 트랜스젠더, 장애인 등에 대한 소수자 차별 문제에 빨간불이 켜졌음이 수차례 드러났다. 언론에서는 하루가 멀다 하고 혐오와 차별의 실태를 고발하는 특집 기사들이 쏟아져 나오고 있다. 문제의 심각성을 인식하지 못하는 것은 정치인들뿐이다.

흥미로운 것은 차별금지법이 사회적 합의 때문에 어렵다고 하면서도 '차별에는 반대한다'는 말을 꼭 덧붙인다는 점이다. 진심으로 차별에 반대한다면 차별을 금지할 수 있는 방안을 내놓아야 하지 않을까. 차별금지법 제정이라는 '방법'에 반대할 뿐이라면 법 제정 없이 차별을 금지할 수 있는 대안을 내놓아야 한다. 하지만 혐오와 차별에 대해 법 제정을 우회하는 다른 정책을 제안하거나 의지를 보이지 않는 것은 결국 차별을 방치하겠다는 선언이나 다름없다. 중립에 서는 것이 아니라 차별을 조장하고 묵인하는 쪽과 한배를 타는 것이다.

'사회적 합의' 운운하는 것은 기만적인 정치 기술이다. 정치인들이 정말 필요하다고 생각하는 것은 '하겠다'고 약속하지, 사회적 합의가 필요하다고 말하지 않는다. 물론 사회적 합의라는 말 자체가 틀린 것은 아니다. 어떤 정책이건 시민들과 논의하고 동의를 구해가며 추진해나가는 것은 필요하다. 문제는 다른 공약과는 달리 유독 차별금지법에 관해서만 사회적 합의가 필요하다는 딱지를 붙여 뒷전으로 밀어놓는다는 것이다. 한국 정치에서 사회적 합의 운운은 '하기 싫다'는 얘기를 돌려 말한 것에 불과하다.

이쯤에서 차별금지법 제정을 미룰 때 전가의 보도처럼 등장했던 '사회적 합의의 부재'에 대해 따져 묻지 않을 수 없다. 만약 다수결로 운영되는 국회에서 다수의 지지를 받아야 한다는 의미라면 문제없다. 차별금지법 제정을 열렬히 옹호해왔던 나 역시도 차별금지법이 국회 다수의 지지를 얻어 통과되길 바란다. 당연한 얘기다. 그런데 여기서 멈춘다면 국회가 존재할 이유가 없다. 국회는 논의를 하여 공론을 형성하는 곳이지, 여론을 단순히 반영하는 기관이 결코 아니다. 그 법이 소수자의 권리와 평등에 관한 것이라면 더더욱 그렇다.

단순히 일부 반대 목소리가 높다고 법안 추진이 불가하다면 세상에 통과될 수 있는 법은 하나도 없을 것이다. 왜 유독 차별금지법은 사회적 합의가 부재하다는 이유로 논의조차 할 수 없는가? 차별금지법이야말로 가장 심하게 '차별'받아온 법이라고 할 만하다. 그리고 이사이에 오히려 국민 여론은 차별금지법 제정에 압도적 찬성으로 기울게 되었다. 국회는, 정치는 도대체 무슨 역할을 하고 있는 것인지 되묻지 않을 수 없다.

쟁점

찬반 모두가
'절박한' 목소리인가

2025년 김민석 국무총리가 취임하면서 차별금지법에 대해 밝힌 의견은 차별금지법에 반대하는 기존 입장과 비교할 때 약간 다른 부분이 있었다. 그는 차별금지법 찬성·반대를 둘 다 "절박한 목소리"이자 "본질적인 헌법적 권리이자 자유권"으로 간주했다. 의견 대립이 있으니 "사회적 대화"가 필요하다는 취지다. 얼핏 보면 양쪽의 의견을 모두 귀담아들으려는 것이니, 진중한 정치인의 태도 같아 보인다. 하지만 이 두 주장을 동등하게 취급하는 것 자체가 문제다.

 차별금지법이 동성애를 '반대할 표현의 자유'를 억압한다고 하지만 차별금지법은 표현 자체를 처벌하는 법이 아니다. 다만 고용이나 교육 등의 영역에서 적대적, 위협적 환경을 조성하거나 모욕감, 두려움을 준다면 그것은 괴롭힘에 해당하며 '차별'로 간주된다는 법이다. 직장이나 학교에서 동성애자를 괴롭힘으로써 노동권과 교육권을 침해해서는 안 된다는 것이 차별금지법의 취지다. 결국 표현의 자유를 들먹이며 차별금지법을 반대하는 것은 괴롭힐 자유를 인정해달라는 것과 다를 바 없다. 한쪽에서는 노동권과 교육권을 보장해달라고 주장하고, 다른 한쪽에서는 괴롭힐 자유를 인정해달라고 주장하는 셈이다. 이 둘이 모두 '절박한 목소리'이자 '본질적 자유'니까, 중립을 지키는 것이 과연 공정한 처사일까?

차별받지 않을 권리는 말 그대로 '절박한' 생존권의 문제다. 2014년 국가인권위원회 실태조사에 따르면 청소년 성소수자 중 절반 이상이 스트레스와 우울증에 시달리고 친구와 사이가 멀어졌다고 응답했고, 학습 의욕이 저하되었다는 응답은 46.2퍼센트, 자살 시도를 한 적이 있다는 응답도 무려 19.4퍼센트나 나왔다. 성인 성소수자 응답자 가운데에는 41.7퍼센트가 직장 내에서 본인의 성정체성으로 인해 따돌림, 협박, 조롱, 폭력, 성희롱 등을 경험했다고 답했다. 괴롭힐 자유를 달라는 것과 비교될 수 있는 현실이 아니다. 정말 절박한 목소리가 무엇인지 되돌아봐야 한다.

12장
차별을 막는 가장 큰 우산 '차별금지법'

차별금지법은 말 그대로 차별을 금지하는 법이다. 차별금지법 제정이 필요하다고 하니까 "그럼 한국에서는 현재 차별이 허용되고 있나요?"라고 묻는 분들이 있다. 그렇지는 않다. 차별금지법이 제정되지 않았어도 한국에서 차별은 엄연히 불법이다. 헌법 11조 1항에는 "모든 국민은 법 앞에 평등하다. 누구든지 성별·종교 또는 사회적 신분에 의하여 정치적·경제적·사회적·문화적 생활의 모든 영역에 있어서 차별을 받지 아니한다"라고 규정되어 있다. 국가인권위원회법에 의해 인권위는 '평등권 침해의 차별 행위'에 대해 조사하고 구제한다.

현재도 차별은 금지되어 있다

차별에 관한 단일법도 있다. 장애인차별금지법, 남녀고용평등법, 연령차별금지법, 양성평등기본법 등이 대표적이며, 기간제근로자보호법, 파견근로자보호법 등도 기간제 및 단기간 근로자와 파견 근로자에 대한 차별을 금지하는 법이다. 차별금지 조항이 명시적으로 포함되어 있는 법률도 많다. 행정기본법은 행정청의 차별을 금지하고 있고(9조), 교육기본법은 교육에서(4조), 국가공무원법은 공무원 임용에서(26조의 6), 근로기준법은 근로자에 대해서(6조), 고용정책기본법은 근로자의 모집·채용 시(7조), "금융소비자 보호에 관한 법률"은 금융상품 계약에 대해서(15조), 문화기본법은 문화 표현과 활동에서(2조), 스포츠기본법은 스포츠 및 신체활동에서(4조), 국민체육진흥법은 운동경기 등에서(2조의 11의 3), 아동복지법은 아동에 대해서(2조), "형의 집행 및 수용자의 처우에 관한 법률"은 수용자에 대해서(5조), 재한외국인처우기본법은 재한외국인에 대해서(10조), "응급의료에 관한 법률"은 응급의료에서, 방송법은 방송 편성에서, "군인의 지위 및 복무에 관한 기본법"은 군인에 대해서, "교통약자의 이동편의 증진법"은 교통약자에 대해서, 경찰수사규칙은 수사에서(2조), 인권보호수사규칙은 피의자 등에 대해서(4조) 차별을 금지하고 있다. 대한민국은 헌법에 '모든 영역'에서 차별을 금지한다고 규정한 나라이며, 삶의 거의 모든 영역에서 차별을 금지하는 법을 가지고 있다.

이렇게 여러 법에서 차별을 금지하고 있긴 하지만 여전히 체계적이라고 할 수는 없다. 차별금지 사유를 구체적으로 나열하고 있는 법은 다음과 같다.

헌법: 성별·종교 또는 사회적 신분

국가공무원법: 성별, 종교 또는 사회적 신분 등

근로기준법: 남녀의 성, 국적·신앙 또는 사회적 신분

국가인권위원회법: 성별, 종교, 장애, 나이, 사회적 신분, 출신 지역(출생지, 등록 기준지, 성년이 되기 전의 주된 거주지 등을 말한다), 출신 국가, 출신 민족, 용모 등 신체조건, 기혼·미혼·별거·이혼·사별·재혼·사실혼 등 혼인 여부, 임신 또는 출산, 가족 형태 또는 가족 상황, 인종, 피부색, 사상 또는 정치적 의견, 형의 효력이 실효된 전과, 성적 지향, 학력, 병력 등

교육기본법: 성별, 종교, 신념, 인종, 사회적 신분, 경제적 지위 또는 신체적 조건 등

금융소비자 보호에 관한 법률: 성별, 학력, 장애, 사회적 신분 등

아동복지법: 성별, 연령, 종교, 사회적 신분, 재산, 장애 유무, 출생 지역, 인종 등

국민체육진흥법: 성별, 학력, 장애, 사회적 신분 등

응급의료에 관한 법률: 성별, 나이, 민족, 종교, 사회적 신분 또는 경제적 사정 등

방송법: 성별, 연령, 직업, 종교, 신념, 계층, 지역, 인종 등

고용정책기본법: 성별, 신앙, 연령, 신체조건, 사회적 신분, 출신 지역, 학력, 출신 학교, 혼인·임신 또는 병력 등

경찰수사규칙: 성별, 종교, 나이, 장애, 사회적 신분, 출신 지역, 인종, 국적, 외모 등 신체조건, 병력, 혼인 여부, 정치적 의견 및 성적 지향 등

인권보호수사규칙: 성별, 종교, 나이, 장애, 사회적 신분, 출신 지역, 인종, 국적, 용모 등 신체조건, 병력, 혼인 여부, 정치적 의견 및 성적 지향 등

형의 집행 및 수용자의 처우에 관한 법률: 성별, 종교, 장애, 나이, 사회적 신분, 출신 지역, 출신 국가, 출신 민족, 용모 등 신체조건, 병력, 혼인 여부, 정치적 의견 및 성적 지향 등

국가공무원법은 헌법과 동일하게 규정한 반면 국가인권위원회법은 차별 행위의 피해자를 보호하기 위해 최대한 많은 사유를 규정하고 있다. 교육기본법과 응급의료법의 경우 영역 특성상 다른 법에는 없는 '경제적 지위'와 '경제적 사정'이 추가된 것으로 보인다. 나머지 법률은 왜 굳이 그렇게 규정했는지 이해하기가 어렵

다. 수사와 형집행에 관한 법령에 차별금지 사유가 가장 자세히 규정되어 있으며, '성적 지향'도 포함되어 있다는 것이 특기할 만하다. 방송 편성에서는 장애를 차별하는 편성이 허용된다는 뜻일까? 운동경기 등에서는 종교를 이유로 차별을 해도 된다는 걸까? 응급의료에서는 동성애자를 차별해도 될까? 그럴 리가 없다. 그런데 왜 이 법에는 장애, 종교, 성적 지향이 빠져 있을까? 알 수 없는 일이다.

더 큰 문제는 차별에 대한 구체적인 구제 방법이 규정되어 있지 않아, 선언적인 문구에 불과한 경우가 대부분이라는 것이다. 장애인차별금지법과 남녀고용평등법 같은 차별금지에 관한 단일법에는 차별에 대한 구제 방법이 규정되어 있지만 차별을 금지한다는 조항 하나만 달랑 두고 있는 다른 법률들에는 차별을 어떻게 구제할 것인지가 규정되어 있지 않다. 차별이 무엇인지도 알기 어렵다. 장애인차별금지법과 남녀고용평등법에는 장애인 차별과 남녀 차별이 무엇인지 상세하게 규정되어 있지만 다른 법률의 차별금지 조항은 '차별을 금지한다'고만 명시했을 뿐 차별의 구체적인 내용은 규정해놓지 않았다.

그래서 필요한 것이 바로 차별금지법이다. 차별금지법은 차별에 관한 '기본법'이라고 할 수 있다. 어떤 정책을 추진하기 위해 기본이 되는 사항, 예컨대 기본 용어의 정의, 정책 추진 원칙과 방향, 추진 체계, 재원 조달 방법 등을 종합적으로 규정하는 입법을 '기본법'이라고 하는데, 차별금지법도 중구난방 흩어져 있는 차별금지 관련 법령들의 '우산' 역할을 하는, 차별에 관한 기본법이다. 차별금지법 앞에 '포괄적comprehensive'이라는 말을 붙여 포괄적 차별금지법이라고 부르기도 하는데, 여기서 포괄적이라는 것은 차별금지 사유와 영역을 포괄적으로 규정한다는 뜻이다. 개별적 차별금지법은 사유와 영역이 제한적이다. 장애인차별금지법은 장애를 사유로 한 차별을, 연령차별금지법은 연령을 사유로 한 고용 영역에서의 차별을, 남녀고용평등법은 성별을 이유로 한 고용 영역에서의 차별을 금지한다. 이들 개별적 차별금지법은 특정 사유 또는 영역과 관련하여 특별히 차별을 금지할 필요성이 있기 때문에 제정된 것이다. 하지만 개별 차별금지 사유와 영역마다 개별적 차별금지법을 각각 제정하는 것은 비효율적이다. 그렇다면 포괄적 차별금지법을 두어 모든 차별금지 사유와 영역을 포괄적으로 규율하고 특별히 필요한 영역에 대해서는 개별적 차별금지법으로 보완하는 방식으로 전체 차별금지법 체계를 짜는 것이 가장 이상적일 것이다.

포괄적 차별금지법이 필요한 이유

포괄적 차별금지법이 필요한 또 다른 이유는 바로 차별 시정 기구가 단일화되어야 효과적이고 효율적인 차별 구제 및 차별금지 정책을 펼 수 있다는 점에 있다. 차별은 다양한 사유에 의해 발생하는데, 이에 대응하는 국가기구를 각각 두는 것보다는 단일 차별 시정 기구를 두고 역량을 집중하는 것이 효율적이다. 포괄적 차별금지법은 단일법에 차별 관련 내용을 포괄적으로 규정하고 단일 기구에 의해 차별을 구제하자는 제안이다.

또한 4장에서 언급한 복합 차별에 대응하는 데도 포괄적 차별금지법이 효과적이다. 실제로 차별의 피해자들은 차별당했다는 것을 분명하게 인지하더라도 그 사유를 정확하게 알지 못하는 경우가 있다. 한 사람의 정체성은 복합적이다. 예를 들어 연령은 50대이고 성별은 여성이고 성적 지향은 동성애인 사람이 있다고 치자. 자신의 직장에서 부당하게 차별당했는데, 그 사유는 나이가 많아서일 수도 있고 여성이어서일 수도 있고 동성애자여서일 수도 있다. 이때 피해자에게 자신의 차별 사유를 특정하고 특정 법에 근거하여, 해당 차별 시정 기구에 진정을 제기하라고 하는 것은 무리다. 그래서 차별을 포괄적으로 규정한 법과 기구가 필요한 것이다.

실제로 영국은 이런 이유에서 차별금지법과 차별 시정 기구를 하나로 통합했었다. 영국에는 원래 인종, 장애, 성별에 따른 차별 문제를 다루기 위해 장애인차별금지법(1995)과 장애권위원회법Disability Rights Commission Act(1999)에 따른 장애권위원회DRC, Disability Rights Commission, 성차별금지법(1975)과 남녀동일임금법(1970)에 따른 평등기회위원회EOC, Equal Opportunities Commission, 1976년 인종관계법에 따른 인종평등위원회CRE, Commission for Racial Equality 등 각각의 차별 사유에 대한 개별적 법률과 차별 시정 기구가 있었다. 하지만 포괄적 인권법과 단일 차별 시정 기구가 차별 문제에 효과적으로 대응할 수 있다는 판단에 따라 "2006년 평등법Equality Act 2006"을 만들었고 2007년 '평등·인권위원회EHRC, Equality and Human Rights Commission'를 설립했다.

또한 앞서 말했듯이 여러 법에 흩어져 있는 차별금지 조항은 선언적인 규정에 불과해서 실효성이 없다. 따라서 차별금지법을 제정하여 실효적인 구제가 가능하게 하는 것도 중요하다. 차별금지법안에 따라 조금씩 다르긴 하지만 차별금지법에는 시정명령, 징벌적 손해배상, 소송 지원, 법원의 구제, 입증 책임 전환 등 차별 구제 수단을 강화하는 조치들이 포함되어 있다.

쟁점

차별금지법 이 자유를
제한한다?

차별금지법 제정에 반대하는 사람들이 언제부턴가 '자유'를 내세우기 시작했다. 차별금지법이 제정되면 자유가 침해된다는 것이다. 무슨 얘기인가 살펴봤더니, 동성애에 대해 반대 의견을 표명하지 못하게 하는 것은 표현의 자유를 제한하는 것이라는 얘기였다. 동성애에 대한 반대가 종교적인 입장이기도 하기 때문에 종교의 자유도 침해된다고 한다. 차별금지법이 통과되면 동성애자들의 차별을 금지한다는 이유로 자신들의 자유가 침해받기 때문에 역차별이라는 주장도 제기된다.

 공공 서비스, 고용이나 교육, 재화·용역의 공급·이용 등의 영역에서는 표현이 차별로 간주되는 경우가 있고 이때에는 일정한 표현의 제약이 있을 수 있다. 예를 들어 주민센터에서 일하는 공무원이 민원을 접수하러 온 동성애자에게 차별적인 발언을 하는 것이 '표현의 자유'에 해당한다고 주장하는 사람은 없을 것이다. 회사나 학교에서도 마찬가지다. 이런 영역에서의 발언은 일정한 '힘'을 갖고 있기 때문에 그 자체로 차별이나 다름없다. 직장 상사가 이주노동자인 부하 직원에게 인종차별적 발언을 하거나 중학교 교사가 동성애자 학생에게 동성애에 대한 혐오를 드러냈다고 가정해보자. 직원이나 학생은 이 발언 자체를 차별로 인식하거나 차별을 하겠다는 직접적인 의사표시로 받아들일 수밖에 없다. 이런 영역에서는 표현이 곧 차별인 것이다.

혹자는 사적 영역에서는 '사적 자치'가 원칙이니까 차별금지원칙을 적용하는 것은 자유를 과도하게 제한하는 것 아니냐는 주장을 하기도 한다. 이것 역시 가정을 한번 해보자. 어떤 음식점에서 사장의 개인적 신념이라며 '동성애자 출입 금지' 팻말을 걸어놓는다. 어떤 사립학교는 건학 이념이라며 이슬람교도의 입학을 금지하는 방침을 세웠다. 어떤 집주인은 외국인 노동자에게는 세를 주지 않겠다는 광고를 냈다. 어떤 택시는 장애인을 태우면 번거롭다며 장애인 손님은 그냥 지나쳐버린다. 어떤 회사는 여성은 책임감이 없다며 채용 시험에서 무조건 10점 감점한다. 이 모든 것이 '자유'라는 이름으로 정당화된다면 그 사회를 모든 시민이 동등한 자격을 가지고 살아가는 공동체라고 할 수 있을까?

이러한 자유의 침해가 바로 '차별'이다. 법철학자 데버러 헬먼에 따르면 차별은 모든 사람이 도덕적으로 평등한 가치를 지닌 존재라는 도덕 원칙을 침해한다고 한다. 이뿐만이 아니다. 차별은 소수자가 실질적으로 교육받고 직장에 다니고 취미생활을 할 권리를 침해함으로써 사회생활에 참여할 권리를 박탈한다. 타인의 자유를 침해하지 않는 한도 안에서만 자유가 허용된다는 자유주의의 대원칙에 따르면 차별은 자유로 허용될 수 없다.

 차별금지법은 어떤 경우에 '자유'를 제한하는 것이 사실이다. 하지만 그런 자유가 허용되는 사회보다는 모두가 차별 없이 존엄한 삶을 살 수 있는 사회를 지향해야 한다는 것이 차별금지법의 취지다.

13장 처벌 대신 권고로

"차별금지법은 국민의 입에 재갈을 물리는 형사처벌법안이다."
"'동성애 반대' 표현만 해도 처벌이 가능하다."
"자유를 억압하는 무소불위의 독재 악법이다."

인터넷에서 흔히 찾아볼 수 있는 차별금지법 반대 논리다. 물론 이미 여러 방송사와 신문사의 팩트체크를 통해 확인된 가짜 뉴스다. 그럼에도 영향력 있는 학자나 종교인 그리고 정치인들까지 고장 난 라디오처럼 똑같은 얘기를 반복하고 있으니 한심한 노릇이다. 이쯤 되면 거짓말인 줄 알면서도 반대 세력을 규합하기 위해 의도적으로 허위 사실을 퍼뜨리는 것이 아닌지 의심하지 않을 수 없다.

차별금지법은 차별을 금지하는 법이다. 즉 차별 행위가 발생했을 때 이를 어떻게 중단시키고 피해를 원상 복구시킬 것인지, 차별의 피해자를 어떻게 보호하고 적절한 구제 조치를 취할 것인지를 규정하는 것이 차별금지법의 핵심이다. 이른바 차별 구제 또는 차별 시정의 문제다. 일각에서는 차별금지법이 제정되면 차별 시정 기구인 국가인권위원회가 무소불위의 권력을 가진 사정기관이 될 것처럼 불안감을 조성하지만 실상은 전혀 다르다. 일단 차별금지법상의 차별 시정은 차별 행위를 한 사람에게 차별의 중지나 구제 또는 재발 방지 조치 등을 '권고'하는 것이 기본적인 방법이다.

왜 처벌 대신 시정 권고인가

그렇다면 왜 차별금지법은 차별 행위를 화끈하게 처벌하지 않고 이렇게 물러터진 규제 방법을 채택하고 있을까? 그 첫 번째 이유는 차별 판단이 쉽지 않기 때문이다. 차별 판단 기준을 오랫동안 가다듬어온 국가들에서도 무엇이 차별에 해당하는지 판단하는 것은 쉬운 문제가 아니다. 물론 분명하게 판단할 수 있는 의도적인 차별 행위도 있다. 하지만 그런 행위만 차별로 간주된다면 고의

성이 없거나 은밀한 형태의 여러 차별 행위에 손을 댈 수 없다. 사회 전반에 깔린 다양한 차별 행위를 규제하는 것이 차별금지법의 궁극적 목표라면 차별의 범위를 지나치게 좁히는 것은 바람직하지 않다. 그래서 차별금지법은 차별의 범위를 최대한 넓히는 대신 강제력 없고 유연한 구제 방식을 우선적으로 채택한다.

성차별의 일종인 성희롱에 대한 규제 방법을 떠올려보면 쉽게 이해될 것이다. 현행법상 금지되는 성희롱의 범위는 꽤 넓다. 실제로 성희롱 사례 중에는 사과와 재발 방지 약속 정도로 일단 넘어갈 수 있는 가벼운 성적 농담이나 성차별적 발언부터 단 한 번 했더라도 중징계를 내려야 하는 심각한 언동까지 다양한 수위의 성희롱이 존재한다. 예를 들어 음란한 농담, 외모에 대한 성적 비유나 평가, 술 따르기 강요 등에서부터 지속적인 괴롭힘, 성적 요구에 불응했다는 이유로 고용상의 불이익을 주는 경우까지 모두 성희롱에 해당한다.

이러한 다양한 유형의 성희롱을 모두 형사처벌로 규율하는 것은 적절하지 않다. 사과와 재발 방지 약속만 받으면 될 일을 수사하는 것은 지나치게 비효율적이다. 당사자가 바라는 바가 아닐 수도 있다. 성희롱 피해자에게 '수사 당국에 고소할지 말지'의 선택지만 있다면 문제 제기 자체를 포기하는 일도 속출할 것이다. 그래서 대부분의 국가에서 성희롱은 형사처벌보다는 조직 내의 분쟁 해결 기구 또는 국가인권위원회 같은 차별 시정 기구에 의해 우선적으로 다뤄진다. 구제 조치도 교육 수강, 사과, 재발 방지 약속, 조정, 합의, 경징계, 중징계 등 다양한 방법이 선택될 수 있다. 법적 강제조치가 필요하다면 민사소송을 제기하여 손해배상을 받을 수도 있다. 성적 접촉이 강제 추행에 해당하거나 성적 발언이 명예훼손 또는 모욕에 해당할 경우에는 성희롱에도 해당하는 동시에 현행 형법에 따라 형사처벌도 받는다.

항공사 승무원 162센티미터 기준이 사라지기까지

이러한 차별금지법의 구제 방법을 '연성 규제soft regulation'라고 부르기도 한다. 수사기관이 수사하고 형사재판을 통해 처벌하는 식의 '강성 규제'와 대비되는 것이다. 언뜻 전자는 약하고 후자는 강해 보이지만 그렇다고 연성 규제가 무기력한 것만은 아니며 나름의 방식으로 사회의 변화를 촉진하는 방법이라고 보는 것이 합당하다.

2008년 국가인권위원회는 국내 항공사들이 항공기 객실 승무원의 지원 요건으로 신장 162센티미터 이상을 요구하는 것에 대해 '평등권 침해의 차별 행위'라는 판단을 내렸다. 강제력 없는 권고에 불과했지만 아무런 효과가 없었던 것은 아니다. 지원자들의 항의만으로 회사 방침을 바꾸긴 쉽지 않지만 국가기구인 인권위의 권고는 간단히 무시되지 않는다.

인권위는 '신장 162센티미터 이상'이라는 기준이 객실 승무원의 업무수행에 필요한 절대적이고 필수적인 기준이 될 수 없다는 근거를 조목조목 제시했고, 전 세계 항공사의 사례를 조사해서 국내 항공사들의 신장 제한 기준이 합리적이지 않다는 점을 밝혀냈다. 한 시민이 차별을 입증하고 싸우긴 어렵지만 이렇게 국가의 자원을 동원해서 조사하고 근거가 마련되면 처음에는 미약했던 각 시민들의 주장에도 힘이 실릴 수 있다. 실제로 인권위 권고가 강제력이 없음에도 아시아나항공과 에어부산은 신장 제한을 철폐했다. 인권위의 권고가 즉시 수용된 것이다.

반면 대한항공, 진에어, 제주항공, 이스타항공, 티웨이항공 등은 인권위의 권고를 받아들이지 않았다. 대한항공과 그 계열사인 진에어가 고집을 꺾은 것은 2015년이 되어서였다. 대한항공이 전격적인 결정을 내린 이유에 대해서 2014년 12월 이른바 '땅콩 회항' 사건으로 추락한 기업 이미지를 개선하기 위한 조치라는 해석이 나오기도 했지만 대한항공 측은 예정된 조치였다며 이를 극구 부인했다. 정확한 이유는 알 수 없다. 아마 여러 가지가 영향을 미쳤을 것이다. 2008년 인권위 권고로 사회적 관심이 높아졌고, 그동안 차별에 대한 사회적 인식의 변화도 있었으며, 땅콩 회항 사건으로 추락한 기업의 이미지도 영향을 미쳤을 것이다. 인권위의 권고만으로 즉시 바뀐 것은 아니지만 인권위의 권고가 중요한 계기가 되었고 변화를 촉진하는 자극이 되었던 것이다.

이런 과정이 조금 답답하게 여겨질 수도 있다. 그렇다고 해서 승무원의 신장을 제한한 기업의 관계자들을 형사처벌하고 거액의 손해배상을 통해 변화를 강제하는 것이 더 나은 방법인지는 의문이다. 어떤 경우에는 이렇게 피권고기관이 스스로 문제를 인식하고 자율적으로 조치할 기회를 주는 것이 더 바람직할 수도 있다. 인권위의 힘만으로 강제할 수 없는 것은 사회에 맡기는 것이 더 나은 방법일 수도 있는 것이다.

그럼에도 여전히 여성 승무원에 대한 차별은 남아 있다. 여성 승무원은 화장, 머리 모양과 색깔, 손톱 등에 대한 사내 규정이 엄격한 것으로 알려져 있다. 생각해보면 안경을 착용한 여성 승무원을 본 적이 없는 것 같다. 항공 승무원 업무의 본질을 생각해본다면 대부분 이해하기 어려운 처사이며, 성차별일 수도 있다. 아직 갈 길이 멀지만 이러한 문제들도 언젠가는 해결될 것이다.

해묵은 인식을 흔드는 권고

2017년 인권위는 13세 이하 아동의 출입을 금지하는 한 음식점의 조치에 대해 '차별'이라고 판단했다. 이 결정으로 인해 특정 연령대의 출입을 제한하는 것이 과연 '정당한지'에 대한 뜨거운 찬반 논란이 일어났다. 인권위가 어떤 결정을 내렸건 여전히 노키즈존 영업은 성행하고 있으니 인권위의 결정은 아무런 의미가 없었던 것일까? 그렇지 않다. 인권위의 결정은 '내 가게에서 내가 마음대로 손님을 받겠다는데 뭐가 문제냐?'는 보통 사람들의 생각을 흔들어놓았다. 그렇게 아동을 배제하는 것이 차별일 수도 있다는 점을 환기시켰다. 물론 지금 당장 변화를 끌어낸 것은 아니다. 하지만 조사, 교육, 홍보, 연구 등 인권위의 여러 활동을 통해 차별과 관련된 인식 수준이 높아진다면 언젠가는 이 권고가 사회적으로 널리 수용될 수 있을 것이다.

이렇게 차별금지법의 구제 조치는 사회의 변화를 유도하는 것에 초점이 맞춰져 있다. 다른 말로 하자면 단번에 세상을 바꾸기보다는 조금씩이라도 변화가 가능해지도록 '자극'을 주는 것이다. 나는 2008년에 쓴 박사학위 논문에서 차별 시정 기구의 차별 시정 제도가 일종의 '친구' 역할을 하는 것이라고 비유했었다. 수사기관 등 다른 국가기구들은 후견적인 지위에서 피해자를 직접 구제하는 쪽에 가깝지만 차별 시정은 든든하고 믿음직한 '친구' 역할과 비슷하다는 뜻이었다. 실제로 차별 시정 기구는 부당한 차별을 당했을 때 상담을 해주고 고민을 들어주고 차별에 맞서 싸우도록 도움을 주는 조력자 역할을 한다. 하지만 결국 세상을 변화시키는 종국적인 힘은 사회 자체에서 나온다. 대한항공이 신장 제한을 폐지한 것은 채용 차별에 관한 우리 사회의 인식 수준이 그만큼 올라가서였을 것이고, 노키즈존이 아직 없어지지 않은 것은 아직 아동 차별에 관한 우리의 인식 수준이 미약한 상태여서일 것이다. 차별 시정 기구는 그 과정을 견인하는 역할을 하는 것이다.

지금까지 차별 시정 기구의 시정권고 조치를 최대한 그럴듯하게 설명했지만 그래도 여전히 나이브하다는 느낌이 드는 분도 있을 것이다. 하지만 너무 걱정하지 않아도 된다. 2002년부터 2024년까지 인권위에 접수된 진정 사건에 대한 권고 건수는 총 7,345건이었고, 그중 7,125건이 수용(일부 수용 포함)되어 권고 수용률은 89.3퍼센트였다. 국가기구의 권고가 아무리 강제력이 없어도 쉽게 무시되지는 않는다는 얘기다.

인권위의 권고 수용률이 높은 이유는 단순히 국가기구의 권고이기 때문만은 아니다. 여기에는 다른 이유도 있다. 먼저 권고에 담긴 내용이다. 앞서 설명했던 항공 승무원 사례를 보면 결정문에 항공 승무원 직무의 성격과 해외 항공사의 사례들이 자세히 나와 있다. 결정문을 읽다 보면 '162센티미터'라는 제한이 왜 부당한 차별인지 고개가 끄덕여진다. 이렇게 인권위가 자료를 조사하여 밝혀내는 근거들은 피권고기관이 '수용하지 않으면 안 되게'

만드는 중요한 요소다. 설득력 있는 근거들이 풍부할수록 권고 수용률은 올라갈 수밖에 없다. 인권위는 권고 이외에도 권고 수용률을 높이는 다른 조치를 추가로 시도할 수 있다. 권고를 관철하기 위해 추가적인 조사, 학술 세미나, 관계 기관 접촉, 대중 홍보 등 다양한 방법을 총동원할 수 있다. '판결'로 모든 것을 말하는 법원과는 달리 차별 시정 기구는 결정문 이외에도 다양한 활동을 할 수 있는 것이다. 이것이 인권위가 강제력 없는 권고에 힘을 부여하는 방법이다.

시정명령으로 강제력을 부여하는 방법

그럼에도 차별 시정권고의 실효성을 높이기 위한 조치는 필요하다. 정말 악의적으로 인권위의 권고를 무시하고 지속적으로 차별 행위를 하는 경우도 있기 때문이다. 실효성을 높일 수 있는 가장 직접적인 방법은 시정명령이다. 시정명령은 일단 시정권고를 하고 나서 권고를 받은 자가 정당한 사유 없이 권고를 이행하지 않을 경우 차별 행위의 중지, 피해 원상회복, 재발 방지 조치 등을 명할 수 있고 만약 이 시정명령을 이행하지 않으면 3,000만 원 이하의 이행강제금을 부과할 수 있는 제도다. 당사자가 시정명령에 불복하면 최종적으로는 법원의 판단에 맡겨지게 된다. 현행법 중에서도 장애인차별금지법, 연령차별금지법, 기간제근로자보호법 등에 이미 시정명령 제도를 두고 있고 법무부, 고용노동부, 노동위원회가 각각 시정명령권을 가지고 있다. 시정명령 제도가 시민의 자유를 지나치게 제한하고 남용 가능성이 있다고 비난하는 사람들이 있지만 실태를 보면 오히려 너무 소극적으로 운영되어서 문제라는 지적이 많다. 인권위가 시정명령을 남용하여 엄청난 권력기구가 될 것이라는 주장은 막연한 상상에 불과하다.

시정명령 제도가 꼭 필요한지에 대해서는 의견이 갈린다. 인권위의 평등법 예시법안에는 시정명령 제도가 포함되어 있지 않았고 21대 국회에 제출된 법안 중에는 차별금지법안(장혜영 의원 등 10인), 평등 및 차별금지에 관한 법률안(권인숙 의원 등 17인), 평등에 관한 법률안(박주민 의원 등 13인)에는 시정명령 제도가 포함되어 있었지만 평등에 관한 법률안(이상민 의원 등 24인)에는 빠져 있었다. 시정명령 제도의 도입은 검토해볼 만하지만 필수적인 것은 아니다. 만약 시정명령 제도가 활성화되어 그에 대한 의존이 과도해진다면 권고를 통해 설득적으로 문제를 해결해나간다는 차별시정 제도의 본질이 훼손될 수도 있다. 또한 시정명령을 받은 쪽에서는 소송을 불사할 가능성이 높은데 그 경우 차별시정 제도가 법원의 최종 판단에 의해 좌지우지된다는 문제도 있다. 만약 시정명령권에 대한 우려 때문에 차별금지법 제정이 어려워진다면 시정명령권 없는 차별금지법 제정도 나쁘지 않다고 생각한다.

최후의 수단으로서의 소송

차별 시정의 실효성 확보를 위한 또 하나의 중요한 방법은 바로 소송이다. 차별 시정권고가 수용되지 않았을 때 소송을 제기할 수 있다. 사실 차별의 피해자는 차별 시정 기구에 차별 진정을 하지 않고 바로 소송을 제기할 수도 있다. 애초에 두 가지 선택지가 있는 것이다.

하지만 어차피 소송을 하게 되더라도 차별 시정 기구에 진정을 넣는 것은 의미가 있다. 차별 시정 기구는 간편하고 신속한 절차이고 변호사 대리인을 선임할 필요도 없다. 기본적으로 인권 보호 기구이기 때문에 피해자 친화적인 시각에서 문제를 다룬다. 조사 결과 차별이 인정되고 권고가 수용되는 것이 최선이지만 권고가 수용되지 않더라도 그다음 단계인 소송을 하기에 유리한 조건이 마련된다. 기본적인 사실관계 조사나 관련 법령·이론·사례 검토를 이미 차별 시정 기구가 해놓은 상태이기 때문이다.

소송은 차별의 피해자가 감당하기에 결코 쉽지 않은 절차다. 차별의 피해자들이 대부분 사회에서 취약한 지위에 있는 약자라는 점을 고려하면 더욱 그렇다. 그래서 차별금지법에서는 소송 비용, 변호사 선임 등을 포함한 소송 지원 제도를 규정하고 있다. 그리고 차별 행위가 있었다는 사실을 피해자가 주장하면 그 행위에 합리적인 이유가 있었는지 상대측이 입증하도록 하고 있다. 이른바 '입증책임 배분' 조항이다. 합리적인 이유가 있었는지를 판단할 수 있는 자료는 대부분 기업, 학교 등 행위자 측이 가지고 있기 때문에 입증책임을 행위자 측에 배분하는 것이다. 또한 소송에서 차별 문제의 특성에 맞는 결과를 받아낼 수 있도록 차별의 중지, 임금 기타 근로 조건의 개선, 차별 시정을 위한 적극적 조치 등의 판결을 할 수 있는 근거 조항도 두고 있으며, 악의적인 차별을 예방하고 가해자들이 실질적인 부담을 지게 하는 징벌적 손해배상 규정도 두고 있다. 이 제도들을 통해 소송을 통한 차별 구제의 가능성과 실효성이 향상될 것으로 기대된다.

이렇게 소송을 통한 피해 구제를 활성화하는 것은 필요하지만 그렇다고 차별 시정 후 소송이라는 수순이 일반화되는 것은 결코 바람직하지 않다. 기본적으로는 앞서 설명한 차별 시정권고에 대한 수용률이 높아지는 것이 가장 이상적이다. 차별 시정 기구를 통해 최대한 빠르게 피해자 구제를 마무리하는 것이 최선이라는 뜻이다. 시정명령 제도나 소송 지원은 그 자체로 강제력을 담보한다는 의미도 있지만 차별시정 제도를 원활하게 작동시킨다는 의미가 더욱 크다. 시정명령 제도나 소송이 그다음 단계로 자리 잡고 있다면 시정권고를 받은 쪽에서는 소송을 하기보다 권고를 수용하는 쪽이 더 낫다는 합리적인 판단을 하게 될 가능성이 커진다. 소송은 피해자와 가해자 모두에게 소모적인 일이기 때문이다. 시정명령 제도나 소송 지원은 일종의 버팀목이자 안전장치 같은 것이기에 차별시정을 주도해서는 안 된다.

14장 법이 열고 사회가 완성한다

군복무 중에 벌어진 일이다. 다들 작업하러 나간 사이 병장인 나와 신병(이등병)만 남았다. 우리는 어쩌다가 동성애에 대한 이야기를 하게 되었다.

이등병: 저는 아무리 그래도 동성애는 좀…….
나: 그래? 그럼 우리 부대에 동성애자가 있다면 어떡할 거야?
이등병: 아, 그게…….
나: 네 생각이 어떻건 뭐라고 안 할게. 그런데 우리는 함께 고생하며 군 생활을 하는 동료잖아. 만약 그런 동료가 있다면 어떻게든 함께 잘 지내야 하지 않을까?

이등병: 네, 그렇습니다!

이후에도 몇 차례 이야기를 나눴지만 말년 병장의 권위로도 이등병의 '생각'을 바꾸기는 쉽지 않았다. 무엇을 물어봐도 큰 목소리로 "네, 알겠습니다!"라고 답하는 군기 바짝 든 신병이었지만 동성애에 대해서만큼은 신념을 굽히지 않았다. 그래도 우리는 최소한 '차별하면 안 된다'는 데에는 합의할 수 있었다. 종교가 어떻고 신앙이 어떻건 군대에서 우리의 동료가 차별받지 않고 군 생활을 지속할 수 있어야 한다는 것에는 이견이 있을 수 없었다. 동성애자에 대한 부정적인 생각을 쉽게 접지 않았던 그도 '차별받지 않아야 한다'는 대원칙 앞에서는 마음을 열었다.

그 후에도 나는 강의를 하고 학생을 만나면서 종종 비슷한 상황을 마주했다. 평생 간직해온 생각을 그 자리에서 짧은 시간에 바꾸기란 쉽지 않다. 어차피 '생각 바꾸기'는 당장의 목표가 아니다. 다만 '회사에서 일하고 학교에서 공부하며 음식점에서 밥을 먹고 마트에서 물건을 살 때만큼은 차별받지 않아야 한다'는 명제에 대한 동의를 이끌어내는 건 크게 어렵지 않았다. 차별금지법의 명시적인 목표가 정확히 이것이다. 차별받지 않아야 한다는 명제를 현실에서 구현해내는 일 말이다.

성희롱금지법이 제정되지 않았다면

1993년 서울대 교수의 조교 성희롱 사건이 발생했다. 조교는 서울민사지법에 담당교수, 서울대 총장, 대한민국을 피고로 5000만 원의 손해배상을 제기했다. 기나긴 법정 투쟁 끝에 1999년이 되어서야 조교에게 500만 원을 지급하라는 최종 판결이 나왔다. 이 사건을 계기로 성희롱이 불법이라는 인식이 생겼고 성희롱금지법을 만들어야 한다는 문제의식도 생겼다.

당시 대학생이었던 나는 성희롱금지법을 제정해야 하는지를 놓고 한 친구와 꽤 진지한 논쟁을 벌였었다. 나는 성희롱은 심각한 인권 침해이긴 하지만 법을 제정하여 대응하는 것은 시기상조라는 의견이었다. 하지만 친구는 단호했다. "아직 충분히 사회적 합의에 이르지 못한 것은 맞지만 일단 법으로 금지하는 것은 필요해. 그래야 사람들 생각도 바뀌니까. 입법을 할 수 있을 때 해야 해." 나중에 페미니즘 운동가이자 연구자가 된 이 친구의 생각이 맞았다. 우리는 10여 년이 지난 후에 이 애기를 다시 화제에 올렸다. "그때 네 생각이 맞았던 것 같아. 만약 그때 법으로 금지하지 못했다면? 아직 갈 길이 멀고도 멀지만 그래도 여기까지 온 것은 그때 법으로 금지한 덕분인 것 같아."

1995년 여성발전기본법(나중에 '양성평등기본법'으로 개정됨)을 통해 처음으로 성희롱이 법으로 금지되었지만 30년이 흐른 지금도 성희롱 문제는 여전하다. 하지만 진전이 없었던 것은 결코 아니다. 회사와 학교에서는 성희롱 예방 교육이 법적 의무가 되어, 국가, 지방자치단체 및 공공단체, 초중고, 대학, 사업장의 구성원들은 매년 교육을 받고 있으며, 조직 차원에서 성희롱 예방 지침을 제정하고 고충 담당자를 지정하여 성희롱을 처리하고 있다. 점차 많은 사람이 성희롱의 개념을 알게 되었고 성희롱의 불법성과 처리 절차 등을 숙지하게 되었다.

물론 여전히 부족하다. 모든 사람의 생각이 근본적으로 바뀐 것은 아닌 데다가 여전히 성희롱 금지에 대해 심리적 저항감을 가진 이들도 있다. 성차별적 문화도 남아 있고 말이다. 그럼에도 성희롱 문제가 처음 논의되고 법으로 금지된 1990년대보다는 진전이 있었다. 여러 요인이 있겠지만 나는 1995년의 성희롱 입법이 여기까지 오는 데 큰 역할을 했다고 생각한다.

차별금지법도 마찬가지다. 차별금지법이 제정된다고 해서 차별이 즉시 근절되는 것은 아니다. 하지만 차별금지법이 제정되면 최소한 지금보다는 나아질 것이다. 차별금지법을 제정하고 10년이 흘렀을 때 우리는 조금 더 나은 세상에서 살 수 있을 것이고 그때 법을 제정한 성과에 대해 똑같은 얘기를 하게 될 것이다. "그때 차별금지법을 제정한 덕분에 그래도 여기까지 왔다."

차별 없는 사회가 모두에게 안전한 이유

차별금지법은 사회 구성원 모두가 안전하게 살아갈 수 있는 최소한의 조건을 마련해준다. 정치철학자 월드론은 저서《혐오표현, 자유는 어떻게 해악이 되는가?》에서 혐오표현의 해악은 '공공선을 파괴'하는 것이라면서 공존의 조건을 마련하기 위해 혐오표현을 금지해야 한다고 말했다. 이 말은 차별금지에 관한 논의에도 그대로 적용될 수 있다. 다양한 정체성을 가진 사람들이 공존하기 위해서는 서로를 적대·배제하거나 차별하지 않는 사회적 환경을 조성해야 한다. 어떤 인종적 배경을 가지고 있든, 성적 지향이 무엇이든, 성별이 무엇이든 상관없이 차별을 받지 않고 살아갈 수 있다는 확신을 제공해야 한다는 뜻이다.

피부색이 다르다는 이유로 어떤 회사에서는 채용되지 않거나 승진에서 탈락할 수 있다면, 성적 지향이 동성애라는 이유로 교육을 받기 힘들거나 괴롭힘을 당할 수 있다면, 장애가 있다는 이유로 카페나 음식점 출입이 어렵다면 이러한 조건을 가지고 있는 사람들은 당연히 '사회 구성원으로서 정상적 자격'을 갖고 있다거나 존엄한 존재로서 사회적 지위가 보장되어 있다고 믿기 힘들어진다. 차별을 금지한다는 것은 결국 평등하게 살아갈 수 있다는 확신을 제공하는 것이다.

법의 한계:
교묘해지는 차별에 대하여

하지만 법이 문화를 바꾸고 근본적인 변화를 이끌어내는 데에는 한계가 있다. 법으로 금지되는 차별의 범위는 제한적일 수밖에 없다. 처음 차별금지에 대한 논의가 시작될 때만 해도 차별에는 명시적인 직접 차별만 있는 줄 알았지만 차별은 다양한 형태로, 무엇보다 법으로 규제하기 쉽지 않은 교묘한 방식으로 진화해나갔다. 법원에서 새로운 유형의 차별도 차별임이 인정되기 시작했고 입법적 차원에서도 간접 차별, 괴롭힘, 성희롱, 오인 차별, 복합 차별, 차별 지시 등을 차별의 형태로 규정하기에 이르렀다.

최근에는 미세 차별microaggression이라고 해서 소수자에 대한 편견에서 기인하는 무의식적이고 악의 없는 미묘한 차별 행위도 차별의 유형으로 인정되어야 한다는 목소리가 높아지고 있다. 언젠가는 미세 차별도 법적 차별의 한 형태로 인정받을 수 있고, 아니면 영원히 법적 규율의 영역에서 포섭하지 못할 수도 있을 것이다. '문제'인 것은 분명하지만 그렇다고 법으로 규율하는 것은 다른 차원의 문제다. 법은 이렇게 늘 사회적 인식의 변화에 한 발짝 뒤처질 수밖에 없고 모든 문제를 포괄할 수도 없다. 법으로 차별을 금지하려는 노력을 게을리해서는 안 되겠지만 법이 현재의 차별을 남김없이 규율할 것이라는 환상도 버려야 한다.

법이 사람의 마음을 온전히 바꿀 수 있는 것도 아니다. 차별금지법은 동성애자에 대한 차별을 금지하지만 동성애에 대한 부정적인 편견을 가지고 있는 이등병 청년의 마음을 바꾸기는 힘들다. 성희롱을 금지하는 법도 성차별적 편견을 모두 사라지게 할 수는 없다. 그럼에도 법으로 차별이 금지되면 그동안 문제되었던 차별적 행위들, 특히 표면적으로 나타나는 행동 자체는 줄어들 수 있다. 특정 성별이나 인종, 연령을 배제했던 차별적인 채용 공고는 사라지게 되고, 차별적 괴롭힘을 당하는 학생도 줄어들며, 카페와 음식점은 차별적 문구를 내걸 엄두를 내지 못할 것이다. 최소한 평등해 '보이는' 환경이 조성되는 것이다. 차별금지법의 직접적인 효과는 이런 환경을 만드는 것 정도다.

여전히 남아 있는 편견과 관행

2018년 금융감독원의 조사로 충격적인 사실이 밝혀졌다. 국민은행, 하나은행, 우리은행, 부산은행, 대구은행, 광주은행 등 이름만 대면 알 수 있는 은행에서 성차별적 채용이 있었다는 것이다. 검찰 수사 결과 남녀고용평등법 위반으로 은행 관계자 28명이 기소되었다. 이들 은행에서는 여성 합격자 비율을 낮추기 위해 사전에 성별에 따라 별도의 커트라인을 정하거나 남성 지원자와 여성 지원자의 점수를 인위적으로 조정하기도 했다. 2010년대에 대한민국 정도의 나라에서 이런 노골적인 성차별이 있었다는 것은 매우 충격적이었다. 전모가 밝혀진 것은 이런 조치를 '문서'로 남겨놓은 덕분이었다. 인사 담당자들뿐만 아니라 인사 담당 임원, 임원, 행장, 부행장, 지주회사 회장까지 관여된 사건이었다. 이들은 법정에서 여성 편중 현상을 완화하는 것은 '기업 경영상의 필요'에 의한 것이기 때문에 정당하다고 주장했지만 받아들여지지 않았다. 무엇보다도 대한민국의 최고 엘리트 집단인 시중은행의 임원들이 차별의 불법성에 대해 아무런 감각이 없다는 게 충격적이었다. 잦은 야근, 격지 근무, 원격지 출장, 업무 특성(다른 기업의 남성들을 상대해야 한다는 점), 여성의 육아휴직 등으로 인한 비가용 인력의 증가 등이 여성 지원자의 점수를 인위적으로 낮춰야 하는 이유일 수 있다고, 조직적인 차원에서 생각했다는 것이 믿기지 않는다. 집단적인 의사결정과 검토 과정에서 누군가가 '시대착오적 생각이고 현행법상 불법'이라고 지적해주지도 않았다는 것 아닌가? 이 사건은 차별에 대한 우리 사회의 인식 수준을 고스란히 보여주었다고 해도 과언이 아니다.

    아마 이 사건 이후 은행에서는 더 이상 이런 노골적인 성차별 채용을 하지 않을 것이다. 그렇다고 문제가 끝난 것은 아니다. 여전히 여성 직원이 너무 많으면 안 된다는 '경영상의 판단'을 하고 있다면 좀 더 교묘한 방법을 취할 수도 있다. 예를 들어 서류나 면접 평가에서 '여성을 많이 뽑으면 안 된다'는 회사의 암묵적인 방침이나 회사 구성원들 내면의 편견이 반영될 수 있다. 임원의 명시적인 지시로 여성 지원자의 점수를 일괄적으로 하향 조정하지는 않더라도 전반적인 하향 평가는 있을 수 있다는 뜻이다. 또한 채용 과정에서는 평등해졌다고 해도 상위 직급으로 올라갈수록 여러 가지 성차별적 요소들이 작동할 수도 있다. 실제로 2023년 현재 4대 은행의 관리자 중 여성은 22.38퍼센트에 불과하다는 보도가 나왔다(2023년 11월 13일 〈한겨레〉). 승진에 필수적인 기업 여신 업무 경력이 남성에게 편중되어 있기 때문이라는 분석이다. 차별적 관행이지만 법으로 해결하기는 쉽지 않다.

앞서 언급한 사례들의 경우에도 마찬가지다. 여성 목사 안수가 허용된 개신교 교단이 늘어난 것은 사실이지만 성평등이 실현되었다고 할 수 있을까? 그건 또 다른 차원의 문제일 것이다. 여성 목사 안수가 허용된 것은 명시적인 성차별 규정이 사라졌다는 것이지, 여성 목사와 목사 지원자에 대한 차별적인 관행과 문화가 모두 사라졌다는 의미는 아니다. 대한항공에서는 2015년 신장 제한이 철폐되었지만 200명의 대한항공 채용 합격자 가운에 키가 162센티미터 이하인 사람은 한 명도 없었다는 보도가 있었다(2015년 8월 16일 〈서울신문〉). 대한항공 계열사인 진에어 역시 신장 제한을 폐지했지만 키가 162센티미터 이하인 신입 여승무원은 극소수였다고 한다. 2008년에 신장 제한을 없앤 아시아나항공 역시 290명의 신입 여승무원 가운데 키가 162센티미터 이하인 사람은 1퍼센트도 안 된다고 한다. 법이 할 수 있는 일은 고작 채용 공고에서 명시적인 신장 제한을 금지하는 것뿐이었다.

법이 할 일, 사회가 할 일

그렇다면 차별을 금지하기 위해 무엇을 해야 할까? 한편으로는 새로운 차별 문제에 대응하기 위해 법이 좀 더 정교해져야 한다. 다양한 유형의 차별을 포괄해야 하고 법적 구제도 신속하고 확실하게 진행되어야 한다. 회사와 학교에는 조직 내 차별 담당 기구가 설치되어 신속한 조기 대응을 책임져야 하며, 이를 법제화하는 것도 중요한 과제다. 차별금지법은 차별이 금지된다는 사실을 다시 한번 확인하고 법이 무엇을 할 수 있는지 범위를 확정하고 확실하게 집행하게 하는 최소한의 조치다. 하지만 법이 정교하게 차별을 포착한다고 해도 모든 문제를 해결할 수는 없다. 결국 나머지는 법이 아닌 사회에서 우리 힘으로 해결할 수밖에 없다.

4부
차별금지와 평등의 미래

15장 차별하지 않아야 성공한다

차별에 둔감한 것은 시중은행뿐만이 아니었다. 가스안전공사는 2015년과 2016년 채용 과정에서 면접 평가를 인위적으로 조작하여, 여성 지원자를 집중적으로 떨어뜨렸다. 사장이 구속 기소될 정도로 큰 사건이었다. 대한석탄공사는 2015년 서류 전형에서 남성 지원자에게 높은 점수를 부여했고 면접에서는 여성 지원자에게만 비정상적으로 낮은 점수를 부여했다. 한국철도공사는 2014~16년 서류 전형에서 합격 최저점을 받은 사람 가운데 100명을 나이가 많다는 이유로 불합격시켰다. 감사원에 따르면 연령에 따른 합격자 결정 기준을 두고 있는 공기업이 여섯 개나 되었다. 조금 오래된 일이지만, 한국철도공사가 KTX고객서비스업을 나이 21~25세,

키 162센티미터 이상의 여성으로 한정했다는 사실이 뒤늦게 밝혀지기도 했다.

2022년 교육부의 종합감사에서는 한국을 대표하는 사립대학들이 출신 대학별로 점수를 차등 부여하여 직원을 선발했다는 사실이 밝혀졌다. 연세대학교와 고려대학교는 채용 지원자를 출신 대학에 따라 다섯 개 등급으로 구분해서 차등 점수를 부여했다고 한다. 학원가에 떠돌아다니는 '수능 배치표'가 활용되었다고 한다. 대학원 입시에서는 출신 대학 등급제를, 대학 입시에서는 고교 등급제를 적용했다는 의혹도 끊임없이 제기되어왔다. 2016년에는 모 로스쿨 입시에서 출신 대학별, 연령별로 점수를 차등 부여했다는 사실이 보도되기도 했다.

공기업이나 공공성이 강한 금융권과 대학에서 이런 일이 벌어졌다는 것은 놀라운 일이다. 암묵적인 편견이 작동하는 것도 문제가 되는 판국에 아예 점수를 인위적으로 조작하고는 그 흔적을 고스란히 남겨놓은 대범함(?)까지 보여줬다. 우리 사회가 차별이라는 문제를 얼마나 우습게 보는지를 여실히 보여주는 장면이라고 하겠다. 그런데 공기업, 은행, 대학에서 이런 일이 적발된 것은 감사원이나 금융감독원의 감사 덕분이었다. 사기업에도 차별 관행이 없는 것이 아니라 밖으로 드러나지 않고 있다고 보는 것이 합리적이다. 채용 정책은 사내 기밀에 속하기에 밖으로 쉽게 드러나지 않는다. 알 수 없는 이유로 탈락한 여러 사람이 의혹을 가지고 있기는 하지만 소송 제기나 진정은커녕 문제 제기도 쉽지 않은 상황이다. 공공성이 강한 영역에서도 노골적인 차별 사례가 발견된 것을 보면 사기업에도 성별, 연령, 학력 등으로 차별받은 사례가 있으리라는 게 합리적인 추측일 것이다.

공기업 채용에서 드러난 노골적 차별

세계적인 기업 애플의 홈페이지에는 '애플의 가치'로 접근성, 환경, 교육, 개인정보 보호 등과 함께 '포용성과 다양성Inclusion and Diversity'이 제시되어 있다. 성별 비율과 인종 구성이 임원, 연구개발 분야, 비연구개발 분야, 소매retail 분야로 나뉘어 공개되어 있다. 전체 임직원의 남녀 비율(64대 35)과 임원급의 남녀 비율(66대 33)에 차이가 없는 것이 인상적이다. 그 외에도 장애인 포용·접근성 정책, 베테랑 지원, 흑인 대학과의 협력, 임금 평등 정책이 설명되어 있고, 2025년 성소수자 자긍심의 달Pride Month을 맞아 세계 성소수자 공동체의 강인함과 아름다움을 기리기 위해 스포츠 밴드, 애플워치 페이스, 아이폰·아이패드 월페이퍼 프라이드 에디션을 출시했다고 홍보하고 있다. 트럼프 대통령 취임 이후 기업의 다양성 정책이 축소되었다는 외신 보도가 많았지만 애플,

코스트코, 델타, 마이크로소프트, 존슨앤존슨, 골드만삭스 등 유수의 기업은 여전히 DEI(다양성 Diversity, 형평성 Equity, 포용성 Inclusion의 약자) 정책을 고수하고 한 발 더 나아가 오히려 유지·강화를 천명하고 있다.

세계 유수의 기업과 대학에서는 오랫동안 차별금지 정책에 공을 들여왔다. 한국에 비해 훨씬 광범위한 해고의 자유가 인정되는 미국에서도 인종, 성별, 성적 지향 등을 이유로 한 차별은 엄격히 금지된다. 차별이 인정되면 거액의 손해배상을 각오해야 한다. 글로벌 기업들에서는 차별금지 원칙을 천명하는 것뿐만 아니라, 차별 사건을 처리하는 고충처리 기구나 다양성 담당 부서를 설치하는 것이 일반화되고 있다.

요즘은 차별금지보다는 다양성 diversity, 포용성 inclusion, 소속감 belonging 등을 내세우는 경우가 더 많은데 이는 앞서 언급한 차별 문제의 '고도화'와 관련이 있다. 명백한 증거를 남기지 않은 은밀하고 미세한 차별 행위에 대해 구체적인 사건 하나하나를 신고받아 처리하는 것에는 한계가 있을 수밖에 없다. 그래서 다양성과 포용성을 이념적 목표로 전면에 내세우는 것이다. 다양성이 충족되었다는 것은 차별이 사라지고 있다는 증거다. 다양성을 목표로 둔다면 차별이 자연스럽게 근절되는 효과를 가져올 수 있다. 예를 들어 기업에서는 차별을 금지하는 정책과 함께 사내 구성원 중 여성, 소수인종, 장애인, 성소수자 등의 비율을 일정 수준 이상 유지하려고 노력해야 한다. 만약 일정한 구성 비율이 충족되지 않았다면 어떤 식으로든 차별과 편견이 존재한다고 가정하고 적극적인 개선책을 모색해야 한다.

글로벌 기업의 다양성 정책

기업과 대학이 차별금지 정책에 관심을 갖는 이유는 다름 아닌 '조직의 이익' 때문이다. 차별을 금지해야 기업의 생산성이 높아지고 대학의 위상이 올라간다고 보기 때문이다. 차별을 방치하는 기업은 평판이 떨어지고 소비자와 이해관계자의 외면을 받기 마련이다. 평판이 나쁜 기업에는 우수한 인재가 입사를 꺼리고 그들이 재능을 발휘하기 어렵다. 반면 다양성과 포용성을 중시하는 기업에서는 직원이 존중받고 소속감을 느끼는 등 직무 만족도가 올라간다. 실제로 테크 산업 구직자의 78퍼센트가 다양성 정책이 입사 여부 결정에 매우 중요하다고 답했다는 조사 결과도 있다("2021 State of DEI in Tech"). 다양성은 혁신의 동력이 되기도 한다. 다양한 배경과 경험을 가진 사람들이 모여서 논의해야 오류를 줄이고 혁신적인 아이디어를 만들어낼 수 있다. 유럽에서 실시된 한 연구("DCG Survey 2016")에서는 기업 구성원의 성별, 국적, 나이,

교육, 경력, 산업군이 다양할수록 혁신성이 높다는 결과가 나왔다.

조금 다른 맥락이긴 하지만, 2024년 12·3 비상계엄 사태 때 군사 반란에 연루된 사람들은 대부분 육군사관학교 출신들이었다. 이미 그 이전에 육사 출신들이 군 핵심 요직을 차지하는 것에 대한 우려의 목소리가 있었는데 결국 이들이 사고를 친 것이다. 반대로 위헌적, 불법적 계엄에 맞선 영관급 장교들은 비육사 출신들이었다. 국방부 장관이 전군 주요 지휘관 회의를 열어, "명령에 따르지 않으면 항명죄로 처벌한다"고 압박하는 상황에서도 '다른 생각'을 할 수 있었던 군인들은 주류와는 다른 배경을 가진 이들이었다. 다양한 배경을 가진 사람이 모여야, '집단사고 groupthink'의 오류를 줄일 수 있다.

매킨지의 다양성 보고서

세계적인 컨설팅 그룹 매킨지 McKinsey & Company에서는 최근 10년 동안 〈다양성이 중요한 이유〉(2015), 〈다양성을 통한 성과 창출〉(2018), 〈다양성이 승리한다〉(2020), 〈다양성이 더욱 중요하다: 총체적인 영향력의 사례〉(2023) 등 다양성에 대한 보고서를 연달아 발표했다. 매킨지 보고서 시리즈는 기업에 윤리적으로 행동할 당위적 의무보다는 다양성이 기업의 '성과'로 이어진다는 것을 강조하고 있다.

매킨지가 세계 1,000개 이상의 기업을 대상으로 조사한 결과, 젠더 다양성과 인종 다양성이 재무적 성과를 향상시키고 이 추세는 더욱 확고해지고 있음이 드러났다. 경영진에 여성 또는 소수인종이 더 많이 포함되어 있을수록 더 높은 재무적 성과가 났다는 것이다. 이를 기초로 젠더 다양성과 인종적 다양성의 순위를 집계한 결과, 젠더 다양성 순위에서 상위 25퍼센트에 속한 기업이 하위 25퍼센트에 속한 기업보다 재무적 성과가 우수할 가능성은 2015년 15퍼센트 높았고 2023년에는 39퍼센트 높았다. 인종적 다양성과 관련해서도 재무적 성과는 35퍼센트에서 39퍼센트로 증가했다.

기업들도 이러한 결과에 반응하기 시작하여 조사 대상 기업의 여성 경영진은 2018년 14퍼센트에서 2023년 20퍼센트로, 인종적 다양성은 12퍼센트에서 15퍼센트로 증가했다. 2023년 보고서에는 기업의 다양성이 재무적 성과 이외에도 성적 지향, 긍정적인 사회적 영향, 직원 만족도 측면에서도 긍정적인 영향을 준다는 점이 밝혀졌다.

차별은 그 자체로 나쁘다. 업무 역량이나 학문적 역량과는 무관한 이유로 차별당하는 것은 당연히 옳지 않다. 차별금지와 평등은 인류가 지향하는 가치이자 헌법적 가치로서 기업과 대학에서도 예외는 없다. 그런데 기업과 대학이 차별금지 정책에 관심을 갖는 이유는 그런 당위적이고 윤리적인 이유 때문이기도 하지만 조직의 이익이라는 관점에서도 꼭 필요한 일이기 때문이다.

차별금지가 글로벌 스탠더드다

차별금지 정책은 기업의 사회적 책임CSR, Corporate Social Responsibility에 관한 논의와도 궤를 같이한다. 기업의 사회적 책임에 대한 논의가 본격화된 것은 1990년대 후반 무렵이다. 유엔은 2000년 기업의 사회적 책임을 증진하기 위해 유엔글로벌콤팩트를 출범했는데, 유엔글로벌콤팩트의 10대 원칙 중 여섯 번째가 바로 차별금지다.

기업의 사회적 책임 보고에 관한 국제 기준에는 차별금지, 평등, 포용에 관한 항목이 높은 비중을 차지한다. 지속가능경영 국제표준GRI에서는 차별 사건과 이에 대한 조치, 취약 집단인 여성·청년·노인·장애인·난민·선주민·HIV 감염인 가족·인종적 소수자 등의 구성 비율을 전체 임직원과 이사회에 나눠서 보고하게 한다. 이에 따라 사회적 책임 보고서나 지속가능경영 보고서에 이 내용을 담거나 아예 다양성과 포용성에 관한 보고서를 따로 내는 기업도 있다.

2000년대 중반부터는 ESG~Environmental, Social, Governance~ 경영이 관심을 끌게 되었다. ESG 경영이란 기업이 재무적 요소뿐만 아니라 비재무적 요소인 환경적 가치, 사회적 가치, 지배구조까지 고려하는 것을 의미한다. 사회적 가치는 직원, 공급망, 소비자, 지역사회 등 기업의 이해관계자에 대한 책임을 말한다. 직원에 대해서는 차별금지와 다양성 증진, 공급망에 대해서는 공급망 직원에 대한 차별금지와 다양성 증진, 소비자에 대해서는 장애인의 접근성 강화·정보 소외 계층 지원·소수자를 위한 제품 개발 등 각종 지원, 지역사회에 대해서는 문화 사업·연구 지원과 NGO 지원 등을 통한 지역사회의 차별금지와 다양성 증진 지원이 포함된다.

이러한 흐름은 다양성 정책으로도 연결된다. 기업은 인종, 국적, 성별, 성정체성, 연령, 사회적 지위, 장애, 종교 등 다양한 배경을 가진 구성원을 지향해야 한다. 그러려면 다양한 배경을 가진 구성원의 차이를 인정하고 존중하여 모든 구성원에게 공평한 기회를 제공해야 한다. 이를 위해 글로벌 기업에서는 다양성최고책임자~CDO, Chief Diversity Officer 또는 CDIO, Chief Diversity and Inclusion Officer~를 임명하고 다양성 담당 부서를 두어 기업들이 서로 견제하고 감시하기도 한다. 매킨지 보고서에 따르면 2023년 기준 〈포천〉 500대 기업의 53퍼센트가 CDO 또는 유사 직책을 두고 있으며, "지속가능성 잡지~Sustainability Magazine~"에 따르면 2022년 기준 S&P 500 기업 중 4분의 3이 같은 직책을 두고 있다. 기업 밖에서는 기업들의 다양성·포용성 순위를 감시한다. 세계 최대의 데이터 공급 업체인 레피니티브Refinitiv는 다양성과 포용성 지수Refinitiv D&I Index를 발표하여 기업의 순위를 매기고 있고, 성평등 분야나 성소수자 분야에 특화된 지수를 개발하여 평가에 활용하는 곳도 있다.

2023년 유럽연합은 지속가능성 의무 공시를 위한 지침CSRD, Corporate Sustainability Reporting Directive을 발효했고 2024년에는 유럽연합 기업 지속가능성 실사 지침CSDDD, Corporate Sustainability Due Diligence Directive이 유럽연합 본회의를 통과하면서 기업의 사회적 책임 논의가 전환점을 맞게 되었다. 하면 좋고 안 해도 되는 수준에 머물러 있던 기업의 사회적 책임 또는 ESG 경영이 규범력을 갖게 된 것이다. 유럽연합 기업 지속가능성 실사 지침에 따르면 기업은 인권과 환경에 미치는 영향을 관리하여 그 위험과 부정적 영향을 최소화해야 하며, 관련 정보도 공개해야 하는 의무를 갖게 되었다. 특히 자기 회사뿐만 아니라 공급망 전반에서 발생하는 모든 인권·환경 침해를 관리해야 한다.

이른바 인권 상당주의human rights due diligence 의무에는 다양성과 차별금지와 관련하여 차별금지, 괴롭힘과 성희롱 금지 등의 내용이 포함되어 있다. 즉 기업은 자기 기업과 공급망에서 차별, 괴롭힘, 성희롱이 발생하지 않도록 관리할 의무가 있다. 구체적으로는 차별 예방 조치, 차별 발생 시의 피해 구제, 차별 진정 처리 절차 마련, 차별금지 정책의 효과성에 대한 모니터링과 평가 등을 해야 하며, 이에 대한 공시도 해야 한다.

대학도 마찬가지다. 대학에서는 다양성의 증진 자체가 사명으로 이해되기도 하지만 사실 다양성의 증진은 대학의 이익과도 연결된다. 기업의 다양성과 비슷한 취지다. 다양한 문화와 경험을 가진 학생들과 교직원들이 있어야 집단사고의 오류를 줄이고, 교육과 연구의 질이 향상되며, 다양성 정책 자체가 뛰어난 교직원과 잠재력 있는 학생들을 유입시키는 중요한 동기가 된다. 평판이 높아지고 기금 확보에도 도움이 된다. 하버드대, 코넬대, 스탠퍼드대, MIT대, UC버클리대, 옥스퍼드대 등 세계의 주요 명문 대학들은 다양성과 포용성 담당 부서를 두고 다양성 정책을 수립하며 다양성 보고서를 낸다. 명문대일수록 다양성 증진에 많은 힘을 쏟는 것이다. 〈US 뉴스 월드 리포트〉는 대학의 인종 다양성 지수를 평가하여 순위를 발표하고, 한 단체에서는 캠퍼스 프라이드 지수 Campus Pride Index를 이용하여 성소수자 친화 우수 대학을 선정하고 있다.

형식적인 선언을 넘어서야

이러한 세계적인 흐름에 비해 한국의 대응은 여전히 부진하다. 한국에서도 이와 관련하여 "기업의 지속가능 경영을 위한 인권·환경 보호에 관한 법률안"(2023년 9월 1일 정태호 의원 등 15인)이 2023년에 발의되었다가 임기 만료로 폐기되었고 2025년에 다시 발의되었다(정태호 의원 등 14인). 유럽연합 기업 지속가능성 실사 지침에 따른 조치를 고스란히 담은 법안이지만 아직 통과되지 못했다. 지속가능성 공시 의무화도 계속 미뤄지고 있다.

한국 기업들의 다양성에 대한 관심도 낮은 수준이다. 한국의 대기업들은 이미 글로벌 기업이 되었음에도 세계적인 흐름에는 뒤처져 있는 셈이다. 물론 삼성, LG, 현대자동차, SK 같은 대기업들은 다양성 정책을 천명하기도 하고 지속가능 경영 보고서에 차별금지 또는 다양성과 포용성이 조직의 중요한 사명임을 확인해주기도 한다. 모든 협력 기업에 차별금지 원칙의 준수를 요구한다는 내용이 포함되어 있는 경우도 있다. 하지만 차별금지 정책을 얼마나 진지하게 대하고 있는지는 의문이다. 국제 기준에 맞게 보고서를 작성하다 보니 마지못해 형식적으로 언급된 것이 아닌가 하는 의심을 지울 수 없다. 일례로 국제 지속가능 경영 표준에는 사내에서 발생한 차별 사건과 그 조치 사항을 보고하는 항목이 있어, 한국의 대기업들도 이를 따르고 있다. 2019년 기준 삼성

전자는 17건, SK는 한 건, 현대자동차와 LG전자는 0건이라고 당당히 기록되어 있다. 놀라운 수치다. 하지만 이들 기업에 정말로 차별이 존재하지 않는다고 생각하는 사람은 없을 것이다.

그래도 조금씩 변화의 조짐은 보인다. 한국의 대기업들은 최소한 형식적으로는 차별금지 원칙을 천명하고 있다. 삼성전자에는 '차별 및 괴롭힘 금지 정책'이 마련되어 있고 현대자동차 인권헌장 1조는 차별금지다. 네이버의 10대 인권 정책 가운데 3번은 차별금지로서 "네이버는 임직원의 성별, 인종, 나이, 성적 지향, 성정체성, 출신 국가·민족, 장애 여부, 결혼 여부, 임신 여부, 종교, 정치 성향, 노조 가입 여부 등을 이유로 채용, 승진, 임금 및 보상, 복리후생 등에서의 부당한 차별을 엄격히 금지합니다. 또한 네이버는 임직원 다양성 및 포용성 Diversity, Equity & Inclusion을 존중하는 조직문화를 구축하도록 노력합니다"라고 명시되어 있다. SK하이닉스의 "인권·노동 방침"의 차별금지 항목에는 "무관용 원칙을 적용하여 모든 차별 행위를 용납하지 않는다"고 선언되어 있고, LG에너지솔루션의 인권경영·글로벌 인권노동 방침에는 "연령, 인종, 종교, 노조활동, 장애, 임신, 결혼 여부 및 사회적 신분 등에 따른 일체의 차별을 금지한다"고 명시되어 있다. 이미 글로벌 기업으로 성장한 상황에서 글로벌 스탠더드를 모른 체할 수는 없었을 것이다. 이제는 수세적이고 소극적인 대응에서 벗어나 적극적으로 차별금지와 다양성·포용성 정책을 천명하고, 담당 부서와 임원을 두며, 인권 침해와 차별에 대한 진정 처리 절차의 마련과 다양성 보고서 발간 등을 추진해야 한다.

2016년 서울대를 필두로 고려대, 카이스트, 서울과학기술대 등에도 다양성위원회, 포용성위원회가 설치되어 다양성 보고서를 내고 있다. 다양성과 포용성이 대학의 사명이자 세계적인 대학으로 가기 위한 기본 요건임을 깨닫는 대학이 조금씩 늘어나고 있는 것이다. 상당수의 대학에 인권센터가 설립되어 차별금지와 다양성 정책을 추진하기 위한 최소한의 여건을 갖추기 시작했다. 아직 많이 부족하지만 토대가 하나하나 마련되고 있는 것이다.

지속가능한 발전을 위한 조건

이쯤 해서 차별금지법이 제정되어야 하는 이유를 다시 한번 강조할 필요가 있다. 차별금지법은 차별 행위에 대해 사후적인 구제 조치를 취하는 법이지만 사실 더 중요한 기능은 따로 있다. 기업, 대학 등 개별 조직에 차별금지와 다양성 문제의 중요성을 환기시키고 각 조직이 스스로 차별금지·다양성 정책을 수립하도록 유도하는 것이다. 국가인권위원회가 예시 법안을 내면서 법명을 '차별금지법' 대신 '평등법'이라고 한 것은 차별금지라는 소극적인 목표를 넘어 평등을 '증진'한다는 적극적이고 긍정적인 목표를 강조하기 위해서다. 차별금지법은 이렇게 한국 기업과 대학의 차별금지·다양성 증진 정책을 촉진함으로써 지속가능한 발전에 기여할 것으로 기대된다.

16장 구조적 차별을 부정한다면?

"구조적 성차별은 없다." 2022년 22대 대선을 뜨겁게 달궜던 당시 윤석열 대통령 후보의 이 발언을 다들 기억할 것이다. 단순한 한마디 문장은 아니었다.

당시 윤석열 대통령 후보 캠프는 이준석 국민의힘 대표의 진두지휘 아래 전례 없는 선거 전략을 시도했다. 바로 성평등 정책과 여성 정책에 반기를 드는 것이었다. 공정한 남녀평등을 위해 여성가족부를 폐지하고 공정한 법집행을 위해 성폭력 무고죄 처벌을 강화한다는 것이 그 골자였다. 그렇게 여성 정책을 포기하고 여성들과 등지는 대신 젊은 남성들에게 지지를 호소하는 선거 전략을 펼쳤다. "구조적 성차별은 없다"는 그런 일련의 선거 전략에서 나온 발언이었다. 2022년 2월 7일 자 〈한국일보〉와의 인터뷰에서 나온 해당 발언 전문이다.

> "중도·보수에선 여가부가 역사적 기능을 이미 다해 존재할 이유가 없다고 본다. 젊은 사람들은 여성을 약자로 생각하지 않는다. 더 이상 구조적인 성차별은 없다. 차별은 개인적 문제다. 남성이 약자일 수도, 여성이 약자일 수도 있다. 여성은 불평등한 취급을 받고 남성은 우월적 대우를 받는다는 건 옛날 얘기다. 사회적 약자를 국가가 실질적으로 보호해주면 된다."

무슨 취지의 말인지 이해하기가 쉽지 않다. 관련 용어나 쟁점에 대해 충분히 이해하고 말한 것은 아닌 듯했다. 여성은 더 이상 약자가 아니기에 구조적인 성차별은 없다고 하면서 차별을 '개인적' 문제라 치부하고 있다. 차별이 문제긴 하지만 개인적 문제일 뿐이고 국가가 실질적으로 보호해주면 된다는 것이다. 아마 핵심 키워드인 '구조적 성차별'이 무슨 뜻인지 잘 모르고 한 말이라고 생각된다. 실제로 논란의 인터뷰가 보도된 다음 날 토론회에서는 "구조적 남녀 차별이 없다고 말씀드린 건 아니다"라고 해명했다. 이 중요한 말을 했다가 부인한 것 자체가 이해할 수 없는 처사다. 그리고 이렇게 덧붙였다. "그 말이 여성가족부 해체 때문에 나온 것인데 여가부는 이제 시대적 소명을 다했고 새로운 방식으로 우리가 불평등과 차별에 대응해야 한다고 말씀드렸다. (…) 우리 사회가 (성평등을 위해) 지속해서 노력해왔기 때문에 그것보다는 개인별 불평등과 차별에 더 집중해야 한다." 여전히 알쏭달쏭한 말이다. 여성가족부 폐지가 공약이라는 것만 확실하다. 이 선거 전략의 설계자인 이준석 당 대표의 '아이디어'를 급조된 대선 후보 윤석열이 충분히 소화하지 못했던 것이 아니었을까?

구조적 차별이란 무엇인가

윤석열은 구조적 차별을 마치 구시대의 유물인 것처럼 말했다. 그런데 구조적 차별이야말로 오늘날 더 심각한 차별의 형태다. 유럽평의회는 구조적 차별을 "어떤 조직에서 그 조직의 절차, 관행, 문화 등으로 인하여 소수자 집단이 겪게 되는 불이익"으로 정의한다. 흔히 차별이라고 하면 악의를 가지고 누군가에게 구체적인 불이익을 주는 것으로 생각한다. 예를 들어 여성이라는 이유로 감점하여 채용이나 승진에서 불이익을 주거나 장애가 있다는 이유로 교육 기회를 제한하거나 인종이 다르다는 이유로 식당 출입을 금지하는 것 등이 대표적이다. 오늘날 발전한 민주주의국가에서는 이런 식의 차별은 더 이상 차별의 전형적인 형태가 아니다.

그래서 많은 사람이 차별을 쉽게 인정하지 않는다. 미국에는 "흑인도 열심히 노력하면 성공할 수 있는데 무슨 인종차별이 있다는 얘기냐?"라고 말하는 사람이 있다. 이와 비슷하게 한국에서는 "여성이 무슨 차별받는 약자냐?", "성소수자가 무슨 차별을 받고 있냐?"라고 묻는 것이다.

그렇다고 차별이 없는 것이 절대 아니다. 고전적인 형태의 차별은 개인이 소수자 집단의 한 개인에게 불이익을 주는 형태였지만 그것이 법으로 금지되고 규제를 받고 나서부터는 '구조적 차별'이 새로운 형태의 차별로 등장했기 때문이다.

예를 들어 한국의 어떤 법도 여성이 국회의원이나 회사 임원이 될 수 없다고 규정하지는 않는다. 여성에게 불이익을 줘도 된다고 규정한 법도 당연히 없다. 그런데 실제로는 여성 국회의원의 비율이 아직도 20퍼센트를 못 넘고 있고, 여성 회사 임원은 2023년 기준 8.8퍼센트(KCGI자산운용 발표)에 불과하다. 직접적인 차별 때문이 아니라 오랫동안 축적되어온 체계, 구조, 문화가 여성에게 불리하게 작용했기 때문에 발생한 일이다.

장애인 고용을 거부한다고 명시적으로 천명한 기업은 없지만 여전히 기업들은 장애인 고용을 기피한다. 성소수자는 채용하지 않는다는 채용 공고를 본 적은 없지만 성소수자들은 고용 기회가 제한적이라고 호소한다. 그러니까 현재 시점에서 차별의 현실을 정확하게 진단하는 진술은 '형식적이고 직접적인 차별은 상당히 사라졌지만 구조적인 차별의 문제가 새로운 과제로 대두되고 있다'가 적절하다.

인종차별 문제도 마찬가지다. 오늘날 인종차별의 '구조'는 크게 진화했다. 과거의 인종차별은 노예제도를 인정하거나 흑백분리를 정당화하는 식이었다. 그때는 구조적 인종주의가 매우 노골적인 형태였다. 하지만 이제는 인종차별을 인정하는 민주주의 국가는 없다. 그런데 소수인종 구성원들은 여전히 차별받고 있다고 주장한다. 명시적으로 불이익이 있는 것은 아니다. 형식적으로는 평등한 것처럼 보이나 실질적으로는 사회에서 배제되어 있어 실질적인 기회를 누리지 못한다. '구조적으로 배제되는 것'이다. 이것을 '구조적 인종주의structural racism'라고 부른다. 예를 들어 보건의학계에서는 특정 인종 집단이 유독 질병 발생률이 높고 기대수명이 짧다고 하면서 이것은 개인에 대한 직접적인 차별 때문이 아니라 그 인종 집단에게 오랫동안 불리하게 작동해온 조직적·제도적 체계로 인해, 달리 말해 사회적·경제적·문화적으로 불리한 조건 때문에 건강의 불평등이 발생한 것이라고 설명한다. 이런 문제를 설명하는 수식어가 바로 '구조적'이다.

또 다른 예를 들어보자. 미국이나 유럽에서 흑인이나 동양인이 차별받는다고 알려져 있지만 이때 주로 문제가 되는 것은 노골적이고 직접적인 차별이 아니다. 공공기관이나 사기업에서 고위직으로 갈수록 비백인 남성의 숫자는 줄어드는 것이 보통이다. 그런데 이것은 백인 남성이 특별히 특혜를 받거나 비백인 남성이 특별히 배제되어서 생기는 문제가 아니다. 백인 남성들은 고위직에 있는 백인 남성들과 문화적으로 가까워질 수 있고 사적인 교류를 통한 비공식적인 정보를 주고받는 것에도 유리하다. 거래처의 의사결정권을 가진 백인 남성들의 마음을 움직일 수 있는 것도 백인 남성이다. 이런 요인들로 인해 자연스럽게(?) 백인 남성이 승진의 기회를 더 많이 갖게 되는 것이다. 백인 남성들은 자신들이 차별을 한다고 생각하지 않는다. 백인 남성들이 더 좋은 성과를 냈기에 그들에게 공정하게 더 많은 기회가 돌아갔을 뿐이라고 생각한다. 그들은 그들이 더 좋은 성과를 낼 수 있었던 '숨은' 배경까지 인식하지 못하는 경우가 많다. 차별은 있지만 보이지 않는 이유가 여기에 있다.

〈아들과 딸〉과 《82년생 김지영》의 경우

1992년 인기리에 방영되었던 드라마 〈아들과 딸〉과 2016년에 출간되어 공전의 히트를 쳤던 소설 《82년생 김지영》은 성차별의 '구조'가 어떻게 진화했는지를 잘 보여준다. 〈아들과 딸〉의 주인공 후남이는 1950년대생이고, 김지영은 1982년생이다.

후남이는 오로지 여자라는 이유로 노골적인 차별을 받는다. 남자 형제인 쌍둥이 귀남이는 초등학교에 업혀 가지만 후남이는 걸어가야 했다. 나중에 귀남이에게는 자전거를 사주지만 후남이는 계속 걸어 다닌다. 후남이는 전교 1등을 다투는 수재였지만 대입 시험도 가족들 몰래 치러야 했다. 후남이는 붙었고 귀남이는 떨어졌다. 엄마에게 "쓰잘데기 없는 딸년이 같이 들어앉아서 귀남이 앞길을 망쳐"라는 말을 듣고 결국 후남이는 가출한다. 공부를 잘했지만 고등학교를 갓 졸업한 여성이 취업할 곳은 봉제공장밖에 없었다. 거기서도 작업반장이 치근대고 성폭행당할 뻔하는 등 고초를 겪는다. 공장을 나와서도 주경야독을 하며 고생하다가 결핵에 걸리는 등 고난이 끊이지 않는다. 드라마는 후남이가 문학지에 등단도 하고 뒤늦게 사범대에 진학해 국어 교사가 되고 소설도 발표하는 해피엔딩으로 마무리된다.

1982년생 김지영이 겪는 차별은 이와 다르다. 집에서 밥 퍼주는 순서, 배식 순서, 복장 규제, 택시 승차 거부 등 여성에 대한 오래된 성차별의 사례들도 나오지만 달라진 상황도 적지 않다. 김지영은 대학을 졸업하고 회사에 취업했다. 그에게는 아내의 이야기를 경청하고 이해하려 노력하며 시댁에 맞서기도 하는 남편이 있었다. 친정엄마는 늘 자랑스러운 딸의 편이었다. 물론 시어머니와 시댁 식구들은 며느리를 괴롭히기도 하지만 그래도 대화가 통하지 않는 수준은 아니다. 김지영의 주변에는 직장 동료 등 도움을 주는 사람들이 적지 않다. 이전과는 사회구조가 많이 달라졌음을 보여주는 장면이다. 그럼에도 김지영은 육아로 힘들어했고 결국 직장을 그만둬야 했다. 남편이 육아를 아예 내팽개쳤던 것도 아니고 직장을 그만두라고 종용한 것도 아니지만 김지영에게는 직장을 그만둘 수밖에 없는 현실이 있었다. 직장에서 기혼 여성을 퇴사시킨 것도 아니었다. 겉보기에는 김지영의 '자발적 선택'이었다. 하지만 결혼과 출산 이후 달라진 주변의 인식, 여성이 육아와 가사노동을 주로 맡게 되는 현실, 시댁과의 관계, 회사에서의 지위와 전망, 사회의 인식, 주변인들의 영향 등 다양한 요인들이 그런 선택을 강요했다. 즉 김지영의 경력 단절은 구조적 요인 탓이라고 할 수 있다. 《82년생 김지영》은 이런 성차별의 구조적 변화를 잘 보여주고 있는 것이다.

  윤석열 대선 후보는 구조적 성차별을 이렇게 이해한 것이 아니라 여성을 노골적으로 차별했던 과거의 현실을 구조적 성차별로 이해한 것 같다. 그러지 않고서는 대한민국을 인류 역사상 최초로 '구조적 성차별이 철폐된 나라'로 선포할 수 있었겠는가. 전문 용어의 의미를 정확히 몰랐다고 타박하는 것이 아니다. 문제는 그다음이다. 구조적 차별보다는 '개인적 차별'에 집중해야 한다니 이건 또 무슨 말일까. 그에게 빙의하여 그 취지를 짐작해본다면 명시적인 차별은 사라졌지만 개인적으로 차별당하는 경우는 있다는 말을 하고 싶었던 것 같다. 더 나아가 그런 차별을 해결해주는 것 정도는 국가가 해야 할 일이라고 생각한 듯하다. 그런데 각종 지표로 입증되는 여러 여성 차별이 순전히 개인 차원의 문제일 뿐이고 차별을 낳는 관행이나 문화는 사라졌다고 할 수 있을까?

차별의 현실을 외면할 때 벌어질 일

문제는 이렇게 차별을 낳는 체계, 구조, 문화가 쉽게 인지되지 않는다는 것이다. 그래서 어떤 사람들은 차별의 현실을 부정하고 차별금지 정책의 필요성도 인정하지 않는다. 김지영의 성차별도 외관상 자발적인 선택의 모양새를 취하고 있기 때문에 '개인이 선택한 일인데 어쩌라는 것이냐'라고 의문이 제기된다. 과거처럼 노골적인 성차별은 사라졌기 때문에 '성차별은 없다'고 단언한다.

한국의 어떤 법에도 '동성애자는 동등한 국민으로서 인정되지 않는다'라고 적혀 있진 않고 어떤 기업도 '트랜스젠더는 채용하지 않는다'라는 방침을 가지고 있지 않다. 하지만 한국의 성소수자는 생애 전 주기에 걸쳐서 직장, 학교, 일상생활 등 삶의 거의 모든 영역에서 혐오와 차별을 받고 있다는 경험적 근거들이 수차례 보고되었다. 잘 보이지 않는다고 해서 차별이 없는 게 아니다. 명시적인 차별이 사라졌다고 해서 차별이 없는 게 아니다. 그런데도 '차별이 사라졌다'고 너무나 손쉽게 단정하는 사람들이 있다. 심지어 한국의 미래를 책임지겠다고 나선 대선 후보까지 이런 말을 쉽게 내뱉는다.

문제는 구조적 차별의 현실을 외면함으로써 차별금지 정책의 필요성도 부정한다는 것이다. 실제로 오늘날 민주주의국가에서 여성, 장애인, 성소수자, 이주자, 소수인종 등 소수자 집단을 명시적이고 의도적으로 차별하는 경우는 많지 않다. 하지만 형식적으로는 문제없어 보이는 공식적 법·제도의 틈새에 은밀하고 교묘하게 소수자들에게 불리하게 작용하는 관행과 문화가 여전히 남아 있다. 이를 해결하기 위해 세계 각국은 차별의 범위를 확대하고, 차별 판단 기준을 정교하게 가다듬고, 효과적인 차별 구제 방법을 모색해왔다. 이것이 차별금지 정책이고, 그 기본법이 바로 차별금지법이다.

구조적인 차별이 드러날수록 이를 해결하기 위한 적극적인 법·제도적 조치들에 관심을 갖게 되지만 구조적 차별의 현실을 부정하면 정확히 그 반대다. 각자도생하며 개인적으로 해결하면 되니 국가가 관심을 가져야 할 이유가 없어진다.

17장 차별금지법과 정치

2022년 윤석열 대통령이 취임했다. 구조적 성차별이 없다고 선포했고, 여성혐오를 교묘하게 이용했던 정치 세력이 차별금지법을 추진할 리 만무했다. 이명박·박근혜 정부 때 명맥이라도 유지되었던 차별금지법 논의는 국정에서 완전히 사라졌다. 여성가족부 장관은 공석으로 방치되었고, 차별금지법에 반대하는 인물이 국가인권위원장이 되었다. 윤석열 정부에서 차별 관련 법과 정책이 추진될 가능성은 완전히 사라진 셈이었다.

'나중에'의 데자뷔

2024년 윤석열 대통령의 비상계엄 선포와 이에 대한 범국민적 저항으로 반전의 계기가 마련되었다. 광장의 시민들은 윤석열 퇴진뿐만 아니라 젠더, 성적 지향, 학력, 계급, 지역, 장애, 연령 등으로 차별받는 현실을 거침없이 말했고, 차별 없는 세상을 만들자고 제안했다. 사회 대개혁을 위한 디지털 자유발언대 '천만의 연결'에서 가장 많이 등장한 개혁 과제는 '차별금지와 인권 보장'이었다. 수많은 사람이 광장에 모인 이유는 분명 윤석열 퇴진이었지만, 윤석열로 상징되었던 차별과 억압의 정치를 끝장내자는 운동으로 나아간 것이다.

하지만 대통령 선거운동 기간에는 실망스러운 일의 연속이었다. 이재명 대통령 후보는 차별금지법에 대한 질문에 "더 많은 대화와 사회적 합의가 필요하다"는 입장을 밝혔다. TV 토론에서는 "차별금지법 제정에 동의하나"라는 권영국 민주노동당 후보의 질문에 대해 "방향은 맞지만 어렵다"고 했다. 권 후보가 "영원히 (입법을) 못 할 것 같다"고 쏘아붙였지만 요지부동이었다. 정확하게 8년 전 문재인 대통령 후보와 홍준표 후보의 TV 토론 데자뷔를 보는 듯했다. 국제앰네스티 한국지부가 대선 후보 네 명에게 10대 인권 의제를 물었다. 포괄적 차별금지법 제정에 대해 이재명 후보와 김문수 후보는 무응답, 이준석 후보는 추진 불가, 권영국 후보는 추진을 약속했다.

결국 이재명 대통령이 당선되었지만 차별금지법 제정은 점점 더 어려워지고 있다. 차별금지법제정연대에서는 차별금지법 제정을 국정 과제로 채택해달라며 1만 명이 넘는 이들의 서명을 받아 이재명 대통령에게 전달했지만 '빛의 혁명'으로 탄생했다는 새 정부의 응답은 차별금지법에 반대하는 국무총리를 지명하는 것이었다. 차별금지법에 호의적이어야 마땅한 여성가족부 장관조차 차별금지법에 반대하는 보수 기독교 집회에 참석한 전력이 있고 차별금지법에는 갈등적 요소가 많아 사회적 합의가 필요하다고 말하는 후보자가 지명되었다. 국민통합비서관으로 지명된 인물도 퀴어 축제가 "다른 사람의 권리를 침해하므로 바람직하지 않다"고 주장한 데다 차별금지법 제정에 유보적인 인물이었다. 그리고 차별금지법에 대해 이재명 대통령이 내놓은 공식 답변은 "민생과 경제가 더 시급하다", "갈등 요소가 많은 의제에 대해서는 사회적 토론이 필요하다", "입법 논의는 국회에서 주도하는 것이 바람직하다"는 것이었다. 차별금지법이 "우리 사회의 중요 과제 중 하나"라는 점을 인정한 것이 그나마 위안거리였다.

그런데 이렇게 중요한 과제를 국회에 떠넘기는 정부는 없다. 노무현 정부는 차별금지법 정부 발의안을 냈고 이명박 정부는 '차별금지법 특별분과위원회'를 운영했으며 박근혜 정부는 차별금지법을 국정 과제로 채택했다. 입법권이 국회에 있다고 해도 정부가 할 수 있는 일은 얼마든지 있다. 입법 추진은 당분간 유보하더라도 공론화를 위한 작업을 적극적으로 하거나 법 제정 이전에 다양한 정책적 조치를 강구하거나 대통령실 또는 내각의 '인물'을 통해 의지를 보여줄 수도 있다. '중요 과제'라고는 하지만 아무것도 안 하겠다는 의지라고밖에는 달리 설명할 방법이 없다.

국회의 상황은 더 어려워졌다. 차별금지법은 법안 발의조차 힘든 상황이 되어버렸다. 차별금지법은 어떤 '상징'이 되었지만 사실 차별금지법만 막힌 것은 아니다. 2010년대에 혐오나 차별 관련 입법이 좌절된 것이 한두 번이 아니다. 차별금지법이 난항을 겪고 있는 이유와 정확히 일치하는 이유 때문이다. 정부 차원에서 입안된 정책도 사실상 전무하다.

현실의 요구는 오히려 더욱 강하고 단단해졌다. 사회는 점점 다원화되고 있고 여성, 장애인, 이주자, 성소수자, 아동, 노인 등 사회적 소수자의 인권은 더욱 중요한 의제가 되었다. 상대적으로 취약한 소수자 집단을 공격함으로써 기득권 집단의 불안해진 지위를 만회하려는 오도된 행동이 점점 더 거세지고 있다. 이 문제는 '혐오와 차별'로 집약되었고 차별금지법은 이 문제에 대한 기본적인 대책이라는 공감대가 형성되었다. 이제라도 대책을 마련해야 하는 상황이지만 차별금지법에 막혀 아무런 진전이 없다.

차별과 결별하기 위한 정치적 분기점

사실 차별금지법이 제정된다고 해도 즉각 드라마틱한 변화가 나타나는 것은 아니다. 차별금지법 반대 진영에서는 차별금지법이 세상을 뒤바꿀 것처럼 얘기하지만 그런 우려가 무색하게도 차별금지법에는 그렇게 무지막지한 위력을 가진 강제 조치가 규정되어 있지 않다. 차별금지법이 제정된다고 해서 당장 세상의 온갖 차별이 근절되고 차별하는 사람들이 죄다 처벌받는 것은 아니다. 의도적이고 노골적인 차별은 차별금지법 없이도 규제할 방법이 얼마든지 있고 은밀하게 이뤄지는 미세한 차별은 차별금지법이 제정된다고 해도 쉽게 손대기 어렵기 때문이다.

그럼에도 차별금지법 제정을 목 놓아 외치는 이유는 차별금지법을 통해 어떤 계기를 마련하기 위함이다. 민주주의가 공고화되고 인권의 가치도 사회 곳곳에서 자리 잡아왔지만 차별금지의 원칙은 간과되어왔다고 해도 과언이 아니다. 이제는 차별금지 원칙을 '정치적'으로 확인하고, 이를 바탕으로 사회 곳곳의 여러 제도와 관행들을 하나하나 바꿔나가야 한다. 평등과 차별금지는 헌법상 대원칙이지만 안타깝게도 그 원칙을 법률 수준에서 재확인하여 포괄적이고 체계적인 이행 계획을 제시한 적은 없다. 더 이상 주저하거나 늦출 수 없는 과제다.

법적 확인은 정치와 밀접하게 관련되어 있다. 차별금지법 제정이 차일피일 미뤄지는 것은 당연히 정치의 문제다. 실제로 혐오와 차별에 관한 각종 국제 규범이나 지침들은 정치와 정치 지도자의 역할을 무척 강조한다. 정치가 차별에 대해 어떤 조치를 취하고 있는지가 그 사회의 현 상태를 진단하는 시금석인 데다가 정치가 혐오와 차별을 극단적인 폭력으로 부추기는 주범이 되기도 하기 때문이다.

한국에서도 아슬아슬한 순간이 있었다. 박근혜 정부는 통합진보당 해산 등 꾸준히 종북 세력 척결에 드라이브를 걸었다. 특정한 정치적 색깔을 가진 사람들을 '절멸'의 대상으로 여기는 분위기가 확산되었고 2014년에는 일베 이용자로 알려진 한 고교생이 소위 '종북 콘서트'에 인화 물질을 투척하는 사실상의 테러가 발생했다. 종북 세력은 그런 꼴을 당해도 상관없다는 사회적 분위기가 영향을 미쳤을 거라는 사실을 쉽게 짐작할 수 있다. 상황이 여기까지 왔으면 '어떠한 경우에도 폭력은 안 된다'는 대통령의 입장이 나올 만도 했지만 5일 뒤에 박 대통령은 "소위 종북 콘서트를 둘러싼 사회적 갈등이 우려스러운 수준"이라고 지적했다. 침묵하거나 묵인하는 수준을 넘어 사실상 테러를 엄호한 것이나 다름없는 충격적인 발언이었다. 2014년 일베 이용자들이 오프라인에 등장해 단식 중인 세월호 유족들 앞에서 폭식 농성을 벌이는 대범한 모습을 보여준 것도 같은 맥락이었다. 혐오와 차별이 정치 지도자의 엄호 아래에서 더욱 노골화된 것이다. 이러한 흐름이 사그라지기 시작한 것은 2016년 촛불시위로 박근혜 정부가 물러나고 정권이 교체될 즈음부터였다. 그때 정권 교체가 이루어지지 않았다면 어떤 일이 더 벌어졌을지 생각만 해도 끔찍하다.

이러한 관점에서 보면 문재인 정부는 혐오와 차별의 흐름을 뒤바꿔야 하는 역사적 책무를 지고 있었지만 문 대통령 후보 측의 답은 '나중에'였다. 도대체 언제까지 기다려야 하는지 분노하는 사람들이 많았지만 그래도 마음 한편에는 '나중을 기약해보자'라는 희망이 없지 않았을 것이다. 선거라는 민감한 시기를 지나 안정적으로 집권하고 나면 계기를 마련할 수 있을 테니까. 하지만 그 '나중'은 아직까지도 찾아오지 않았다. 차별금지법의 부재가 문제가 아니다. 차별금지 '정책'은 현행법하에서도 정부 정책으로 얼마든지 추진할 수 있었다. 하지만 그동안 시도라도 해본 것이 무엇이 있는지 기억조차 나지 않는다. 이것은 집권 초기부터 '나중에'를 천명한 이재명 정부에서도 그대로 반복될 가능성이 높다.

물론 조금씩 변화의 조짐도 있었다. 여전히 차별금지법이 의제가 되진 못하고 있지만, 이재명 대통령은 외국인과 이주노동자에 대한 혐오, 차별, 폭력에 각별한 관심을 보였고, 혐중 시위에 대해서도 강도 높은 대책을 주문했다. 이재명 정부 국정운영 5개년 계획에는 혐오표현 실태 파악, 혐오방지 범정부협력 체제 구축 및 전면적 대응, 혐오·차별 방지 법제화 검토 등의 내용이 담겼다. 새로 취임한 원민경 여성가족부 장관은 차별금지법 제정에 적극적인 의지를 밝혔고, 대통령실에서 비혼 출산·동거 문제에 대한 제도 개선을 검토하고 있다는 소식이 흘러나왔다. 대통령이 산업재해 문제를 대하는 모습에서는 진정성이 느껴졌고, 경영계가 거세게 반대하는 노란봉투법도 거침없이 밀어붙였다. 혐오와 차별을 막고 소수자 인권을 보장하기 위한 차별금지법도 '마음만 먹는다면' 얼마든지 추진할 수 있겠다는 생각이 들 정도였다. 조금씩 변화된 조짐을 보이는 것은 환영할 만한 일이었다.

이제 우리 정치가 성숙한 민주주의의 진면목을 보여줄 때가 되었다. 다수의 의사로 운영되지만 소수에 대한 차별도 허용하지 않는 것이 진짜 민주주의의 위대함이다. 차별금지법의 제정은 한국 민주주의의 위대함과 성숙함을 보여주는 계기가 될 것이다. 그동안의 여러 아쉬움을 털어내고 단번에 만회할 절호의 기회이기도 하다. 차별금지법 제정은 한국 사회가 혐오와 차별과 결별한다는 점을 '정치적'으로 확인하는 중요한 분기점이 될 것이다. 아직 우리에게는 기회가 남아 있다.

에필로그

평등하게 공존하는
사회를 향하여

이제 차별과 차별금지법에 대한 긴 이야기를 마무리해야겠다. 차별은 일단 '금지'되어야 하는 문제이기 때문에 무언가 목소리를 높여 혼내고 벌하고 비판하는 취지의 이야기를 많이 하게 된다. 과거의 문제를 들춰서 문제 삼는 것으로 비춰지거나 국가를 위해 열심히 일하는 공무원 또는 부와 고용을 창출하여 공동체의 이익에 기여하는 기업을 징벌하는 것으로 여겨지기도 한다. 하지만 차별금지야말로 미래지향적인 정책이라고 생각한다. 차별금지는 발목을 잡는 것이 아니라 우리 공동의 미래를 개척해나가는 밝고 긍정적인 가치다. 그리고 바로 지금 차별에 대한 대책을 세우는 것이야말로 우리 사회의 가장 시급한 과제다.

다원화된 사회에 대비하라

한국 사회는 앞으로 더욱 다원화될 것이 확실하다. 달리 말해 다양한 정체성을 가진 더 많은 소수자가 등장할 것이라는 얘기다. 크게 나누면 새로 유입되는 경우가 있고 그동안 잘 보이지 않던 집단이 가시화되는 경우도 있다. 새로 유입될 대표적인 집단은 이주자다.

잘 알려진 바와 같이 한국 사회의 저출산 문제는 매우 심각한 수준이다. 전쟁, 자연재해, 질병 등의 특수 상황이 있는 것도 아닌데 이렇게 급격하게 출산율이 떨어지고 고령화가 진행되는 경우는 세계적으로도 드물다. 그동안 저출산 정책에 막대한 예산을 투입했지만 효과를 거두지는 못했다. 저출산 문제의 원인으로 흔히 지적되는 고용·주거·양육 문제는 하나같이 한국의 고질적인 문제들이다. 반드시 해결해야 하는 문제이지만 단기간에 해결될 가능성은 희박하다.

기적적으로 출산율이 바닥을 찍고 상승곡선을 그린다고 해도 십수 년 뒤의 미래는 이미 정해져 있다. 30년 뒤에 한국 사회를 이끌어나갈 젊은 세대의 숫자는 바로 지금 이 시점의 출산율이 정해주기 때문이다. 결국 인구 문제를 해결할 유일한 방법은 이민밖에 없다. 이민은 이미 선택의 문제가 아니다. 그런데 이주자들은 기존의 한국인들과는 문화적, 종교적 배경이 상이하다. 지금까지는 이주자들의 직장이나 거주지가 농어촌이나 공단 지대 등 특정한 곳으로 한정되었지만 앞으로는 그렇지 않을 것이다. 내국인이 교육받고 일하고 살아가는 모든 곳에서 이주자들을 마주하게 될 것이다. 이들과 어떻게 함께 살아갈 것인지는 너무나도 중요한 문제가 되었다.

자연스럽게 숫자가 늘어나는 집단도 있다. 바로 노인 집단이다. 심각한 저출산은 곧 고령화 사회로 이어진다. 젊은 세대는 적은데 그들이 부양해야 할 노인의 숫자는 많다. 복지, 세금, 연금 등을 두고 세대 갈등이 일어날 가능성이 높다. 그렇다고 현재 노인들이 행복한 삶을 살고 있는 것도 아니다. 노인 빈곤율과 자살률은 세계적으로 높은 수준이다. 앞으로 고령화 문제는 더욱 심각해질 것이다. 우리는 노인들과 함께 살아갈 준비가 되어 있을까?

그동안 가시화되지 않았던 집단들도 점차 모습을 드러낼 것이다. 대표적인 집단이 장애인이다. 미국이나 유럽에 가보면 휠체어를 타고 다니는 장애인을 거리에서 쉽게 만날 수 있다. 어느 나라에서든 인구 대비 장애인 숫자가 대략 10퍼센트 정도라고 하니까 당연한 일이다. 장애인 숫자가 국가마다 크게 다를 리도 없는데 왜 한국과는 전혀 다른 풍경이 연출되는 것일까. 그동안 한국 사회의 장애인들은 장애인시설에서 지내거나 그렇지 않더라도 쉽게 밖으로 나설 수가 없었다. 이동의 불편이 있을 뿐만 아니라 사회생활, 그러니까 학교나 직장에 다니는 경우도 제한적이었기 때문이다. 그래서 곁에 없는 것처럼 착각하고 있었을 뿐, 장애인은 이미 어디에선가 살아가고 있었다. 하지만 이제부터는 아니다. 통합 교육이 확대되면 일반 학교에서도 장애인 친구들과 같은 반에서 수업을 듣는 것이 자연스러운 일이 될 것이고, 장애인 고용이 활성화되면 직장에서도 장애인 동료와 함께 일하는 경우가 늘어날 것이다. 이렇게 장애인의 사회활동이 늘어나면 해외에서처럼 거리에서 장애인과 마주치는 경우가 빈번해질 것이다. 여러 소수자에 대한 혐오와 차별에 대해 얘기를 나누다 보면 "장애인 혐오는 없지 않나요?"라고 묻는 사람들을 종종 만나게 된다. 그것은 아마 장애인을 마주칠 일이 별로 없는 데다 비장애인이 누리는 이익을 자유롭게 돌아다니지 못하는 장애인에게 '일부' 나눠줄 호의가 어느 정도는 있기 때문에 나오는 질문일 것이다. 하지만 시설에 있는 장애인에게 호의를 베푸는 것이 아니라 동료 시민인 장애인과 학교에서, 직장에서, 버스와 지하철에서 함께 살아갈 준비가 되어 있을까?

강의를 하면서 성소수자에 대해 얘기하다 보면 종종 "저는 아직 만나보지 못했지만……"이라고 말을 꺼내는 분들이 있다. 특히 연세가 많은 분들이 그렇다. 해외의 각종 조사·연구에 따르면 성소수자 집단은 전체 인구의 5~10퍼센트 정도로 추산된다. 그런데 한 번도 만나보지 못했다니 도대체 어찌된 일일까? 성소수자 혐오가 극심한 한국 사회에서 성소수자들은 자신의 정체성을 드러내고 살아갈 기회를 갖지 못했던 것이다. 하지만 이제는 다르다. 젊은 세대와 성소수자 얘기를 하다 보면 "제가 학교 다닐 때 친구 중에도 있었다"는 말부터 나오는 경우가 많다. 이제는 커밍아웃한 몇몇 유명 인사를 TV에서 보는 것이 아니라 직장과 학교에서 성소수자 친구들을 쉽게 만날 수 있게 되었다. TV에서 남 얘기처럼 듣던 시대는 끝났다.

우리는 동료 시민이 될 수 있을까

시사점을 주는 몇 가지 장면이 있다. 2019년 포항공대에서는 최초로 외국인 학생이 대학원 총학생회장으로 선출되었다. 51.1퍼센트의 득표율로 인도 출신의 학생이 총학생회장이 된 것이다. 이 소식이 언론에 보도되자 댓글은 비난 일색이었다. 외국 학생이 '감히' 학생회장이 되었다는 것에 대한 반감이었다. 그렇다면 대한민국 역사상 가장 많은 혐오와 차별을 받았던 유명인은 누구였을까? 단연 이자스민 전 의원이었다고 생각한다. 이주자이자 여성인 그가 국회의원이라는 사실을 받아들이지 못한 것이다. 결혼 이주 여성이 직접적인 혐오의 대상이 되는 경우는 별로 없다.

하지만 그가 국회의원이라는 권력을 갖게 된 순간 불편한 감정이 작동하기 시작했다. 정치적으로 진보나 보수나 별다를 바가 없었다. 한 언론에서는 이를 적절히 포착하여, "(보수 성향 게시판인) 일베도, (진보 성향인) 오유도 모두 미워하는 그녀……"라고 제목을 붙였다(2015년 3월 17일 〈한겨레21〉). 소수자를 진정한 동료 시민으로 받아들인다는 것은 보이지 않는 곳에서, 이해관계와 무관한 곳에 서 있는 듯 없는 듯 존재하는 사람들에게 선심을 쓰는 것이 아니다. 권리를 가진 주체로서, 존엄을 가진 존재로서 평등하게 대우하는 것이다. 우리는 과연 이럴 준비가 되어 있는지 자문해봐야 할 시점이 되었다.

다원화된 시대에 대비해야 하는 것은 그것이 윤리적인 의무이기 때문만은 아니다. 다원화된 시대에 혐오와 차별을 방치한다면 곧 엄청난 사회적 갈등과 분열이 이어진다. 소외된 집단이 배제될수록 사회는 불안정하고 위험해진다. 이것은 모두 '비용'의 문제다. 혐오와 차별을 막는 비용과는 비교할 수 없는 막대한 비용을 치러야 한다.

'나중에'라는 핑계, 더 이상은 없다

차별금지법은 늘 후순위로 밀린다. 민생과 경제가 먼저이고 차별금지법과 같은 이슈는 당장 해결해야 할 절박한 문제가 아니라는 것이다. 하지만 차별은 이미 절박한 문제다. 지금도 차별받는 소수자들이 있다. 고용과 교육에서의 차별은 직접적인 '생계' 문제다. 차별이 절박한 민생 문제가 아니라는 것은 매우 잘못된 생각이다. 미래를 위해서도 그렇다. 앞으로의 다원화된 미래를 대비하는 것은 지금도 이미 늦었다. 50년 넘게 혐오와 차별을 막기 위해 노력해온 서구 사회도 집단 간의 갈등과 대립이 격화되고 있고 소수자를 혐오하는 정치가 득세하고 있다. 그간의 투자가 별 소용 없는 게 아니라 지금까지 해온 것이 있어서 그나마 버티는 것이다. 혐오와 차별에 지독히 무관심해서 차별금지법 같은 기본 법률 하나 제정하지 못한 한국의 미래는 더욱 암울할 수밖에 없다. 정말 절박한 것은 혐오와 차별이 더 심각해지기 전에 지금 당장이라도 무언가 해야 한다는 것이다.

혐오와 차별을 막는 것이 쉬운 일은 아니다. 예를 들어 성차별의 양상은 예전보다 복잡해졌다. 직관적으로 인지되는 직접 차별을 막는다고 해서 해결되는 것이 아니다. 여성의 채용을 대놓고 거부하고 임신한 여성은 무조건 퇴사시켰던 시대와 지금의 성차별은 다르다. 뚜렷한 의도도 없고 피해 집단도 정확히 특정되지 않는, 은근하고 교묘한 차별은 인지하기도 힘들고 법으로 규제하기는 더더욱 힘들다. 그렇다고 문제 해결을 포기할 수는 없다. 아니, 직접 차별 개념으로 충분히 포섭할 수 없었던 간접 차별, 괴롭힘, 미세 차별을 의제화하고 이에 대한 대책을 마련해야 하지 않을까?

트랜스젠더 차별 문제도 마찬가지다. 주로 문제가 되는 영역은 트랜스젠더의 화장실·탈의실·샤워실 이용과 스포츠 경기 참가다. 쉽지 않은 문제다. 법적 성별이 정정되지 않은 트랜스젠더의 처우까지 생각하면 더욱 어렵다. 오랜 기간 여러 논의 끝에 성별 중립 화장실, 모두를 위한 화장실 같은 것이 대안으로 제시되었다. 복잡하지는 않지만 어느 정도의 비용 투자는 불가피하다. 그런데 화장실조차 갈 곳이 없어 외출을 꺼리는 사람들을 위해 모두를 위한 화장실을 설치하는 것 정도가 그렇게 크게 부담이 되는 일일까? 우리 사회에 그 정도의 여력도 없을까? 더욱이 트랜스젠더뿐만 아니라 다양한 이유에서 모두를 위한 화장실을 필요로 하는 모든 사람에게 혜택이 돌아가는데 말이다. 동성에게도 자신의 신체를 드러내고 싶어 하지 않는 사람은 남녀 구분 없이 개별화된 탈의실이나 샤워실 이용을 원한다. 스포츠 경기 참가는 좀 더 복잡한 문제다. 천편일률적으로 남녀 어느 한쪽에 속하지 않는 사람들까지 생각하면 더욱 복잡하다. 하지만 대안이 없는 것은 아니다. 장애인올림픽에서 정교하게 등급을 나눠 경기하는 것처럼, 어떤 선수가 남녀 어느 쪽과 경쟁할 것인지를 측정하는 체계적인 지표를 개발하면 된다. 한때는 테스토스테론 수치가 기준이 되었지만 최근에는 경기력에 영향을 미치는 다양한 요소를 검토하여 출전 영역을 정하려는 고민이 계속되고 있다. 조금 번거로운 일이지만, 트랜스젠더 출전 금지라는 단순한 조치보다는 어떻게든 포용하려고 애쓰는 것이 더 바람직하지 않을까?

장애인시설 문제도 마찬가지다. 장애인을 시설에서 보호하는 것보다는 시설 밖에서 비장애인들과 함께 살아가게 하는 것이 훨씬 어려운 일이다. 장애인 교육보다 통합 교육이 더욱 힘들고 장애인 기업보다 일반 기업에서 장애인을 고용하는 것이 더욱 까다롭다. 비용도 더 많이 들고 정책적으로도 훨씬 세심한 설계를 해야 한다. 그래서 우리는 장애인 전용 학교와 시설에 장애인을 집단 수용하는 '간편한' 방법을 택하려는 유혹에 빠진다. 하지만 그 간편한 방법은 장애인도 비장애인과 같은 존엄한 삶을 살아야 한다는 원칙에 배치될 수밖에 없다. 시간과 비용이 드는 어렵고 힘든 일이지만 장애인과 비장애인이 더불어 함께 살아갈 방법을 찾아야 하지 않을까?

인류는 다루기 쉽지 않은 복잡한 문제들을 해결하면서 진보해왔다. 난민은 안 받으면 그만이고, 트랜스젠더는 배제하면 그만이고, 이주자 없이 우리끼리 살면 그만이고, 직접적인 차별 외에는 복잡하니까 차별로 보지 않으면 그만인, 간편하고 단순한 방법이 우리의 선택지가 될 수는 없다. 세계인권선언은 모든 인류 구성원이 "천부의 존엄성과 동등하고 양도할 수 없는 권리"를 가졌다고 선언하면서 "모든 사람은 태어날 때부터 자유롭고, 존엄하며, 평등하다"를 1조로 채택했다. 우리 헌법은 "모든 국민은 인간으로서의 존엄과 가치를 가지며, 행복을 추구할 권리를 가진다"고 명시하고 있다. 조금 번거롭고 복잡하고 때로는 비용도 든다는 이유로 특정한 집단을 배제하고 차별하는 것은 인류가 합의했던 보편적인 인권의 정신과 우리 국민이 승인했던 헌법 정신에도 명백히 반하는 일이다.

차별금지가 우리 모두의 이익이다

마지막으로 강조하고 싶은 것은 차별이 용인되는 세상에서 혜택을 받을 수 있는 사람은 없다는 것이다. 트랜스젠더를 배제하면서 여성의 이익을 극단적으로 추구하는 세력이 있다. 여성과 트랜스젠더의 이익이 배치된다고 하면서 트랜스젠더 혐오를 서슴지 않는다. 남성 난민이 여성의 안전을 위협한다면서 난민 포용에 반대하기도 한다. 이런 대립이 허구적이라는 것은 차치하더라도 트랜스젠더 혐오와 난민 혐오가 만연한 사회에서 유독 여성의 권리만 제대로 보장될 수 있을까? 혐오의 논리는 또 다른 혐오를 낳기 마련이다. 어떤 집단이 힘이 없다고 함부로 배제하는 것이 허용되는 사회에서 특정한 다른 집단의 이익이 제대로 보장될 수는 없다는 말이다.

한 사람은 다양한 정체성을 가지고 있고, 정체성은 고정된 것이 아니라 변경될 수 있다. 당장은 특별히 손해 보는 일 없이 살아가더라도 그 상황이 영원히 계속되지는 않는다는 뜻이다. 대부분의 장애는 후천적이다. 누구나 늙고 병들 수 있다. 사회적 약자에게 차별이 용인되는 세상의 폭력은 언제든지 나를 향할 수 있다. 평생 한국에서만 살 것 같지만 누구나 이주자가 될 수도, 난민이 될 수도 있다. 다른 종교와 문화를 가진 이들에 대한 혐오와 차별, 폭력이 만연한다면 '나의 미래'는 어떻게 될까? 혐오와 차별, 폭력에 동조하는 것이야말로 나의 미래에 대한 가장 어리석은 투자다. 지금 당장 나의 다수자성에 기반하여 소수자를 혐오하고 차별하는 것, 그것이 용인되는 세상을 만드는 것은 나의 이익에도 반하는 일이라는 뜻이다. 누구든지 어떤 정체성을 가지고 어디에서 살아가든 차별받지 않을 환경을 만드는 것은 나의 현재가 어떠하든 어떻게 될지 모르는 나의 미래를 위한 투자이고 나의 사랑하는 가족과 친구들을 위한 일이기도 하다. 차별을 막는 것은 우리 공동의 미래뿐만이 아니라 바로 '나 자신'을 위한 것이다.

부록

이 책에서 활용된 저자의 주요 원고는 다음과 같다.

논문

"법정책 대상으로서의 여성과 여성혐오", 〈이화젠더법학〉 16(3), 2024.

"혐오범죄의 법정책", 〈형사정책〉 35(4), 2024.

"공직선거에서의 혐오표현: 더 강력한 규제가 필요한가? 더 많은 자유가 필요한가?", 〈법학연구〉 32(1), 2021.

"차별이란 무엇인가: 차별금지법상 차별금지 사유의 의의", 〈법과 사회〉 66, 2021.

"차별금지법상 차별적 괴롭힘에 관한 연구", 〈법학연구〉 59, 2019.

"혐오에 어떻게 대응할 것인가?: 혐오에 관한 법과 정책", 〈법학연구〉 30(2), 2019.

"혐오표현의 해악과 개입의 정당성: 금지와 방치를 넘어서", 〈법철학연구〉 22(3), 2019.

"포괄적 차별금지법의 필요성: 평등기본법을 위하여", 〈이화젠더법학〉 10(3), 2018.

"혐오표현의 규제: 표현의 자유와의 충돌을 피하기 위한 규제 대안의 모색", 〈법과 사회〉 50, 2015.

단행본

《혐오: 우리는 왜 검열이 아닌 표현의 자유로 맞서야 하는가?》(네이딘 스트로슨, 홍성수/유민석 역, 아르테, 2023)

《차별과 혐오를 넘어서: 왜 문화다양성인가》[공저] (컬처룩, 2022)

《말이 칼이 될 때: 혐오표현은 무엇이고 왜 문제인가》(어크로스, 2018)

《혐오표현, 자유는 어떻게 해악이 되는가?》(제러미 월드론, 홍성수/이소영 역, 이후, 2017)

단행본 기고

"차별금지 사유, 어떻게 정할 것인가: 차별금지 법정책의 미래",《법의 미래》(법문사, 2022)

"혐오·차별의 법정책과 젠더 문제", 《젠더와 법》(박영사, 2022)

"혐오에 대한 법적 대응", 《혐오이론1: 학제적 접근》(한울아카데미, 2022)

"혐오 현상의 이해와 과제", 《헤이트, 왜 혐오의 역사는 반복될까》(마로니에북스, 2021)

"Discovering diversity: the anti-discrimination legislation movement in South Korea",
 [Jihye Kim and Sung Soo Hong] in C. L. Arrington and P. Goedde (ed), *Rights Claiming in South Korea* (Cambridge University Press, 2021)

"제12장 한국 사회의 혐오", 《대한민국 인권 근현대사3: 차별과 혐오를 넘어, 포용과 연대를 향하여》(국가인권위원회, 2019)

연구 보고서 : 연구 책임자

〈성적 지향, 성별 정체성에 따른 차별 실태조사〉, 2025년 국가인권위원회 인권상황 실태조사

〈트랜스젠더 혐오차별 실태조사〉, 2020년 국가인권위원회 인권상황 실태조사

〈혐오범죄 등 새로운 인권침해범죄 유형과 대처방안〉, 2020년 대검찰청 정책연구과제

〈혐오표현 예방·대응 가이드라인 마련 실태조사〉, 2018년 국가인권위원회 인권상황 실태조사

〈직장 내 괴롭힘 실태조사〉, 2017년 국가인권위원회 인권상황 실태조사

〈혐오표현 실태조사 및 규제방안 연구〉, 2016년 국가인권위원회 인권상황 실태조사

〈영국의 차별금지법제 연구: '2010년 평등법'을 중심으로〉, 2011년도 법무부 용역과제

언론 기고

"혐오·차별이 본질적 자유권이라는 총리 후보", 〈한겨레〉, 2025. 7. 2.

"차별금지법은 또 '나중에'", 〈한겨레〉, 2025. 5. 28.

"윤석열은 갔지만 혐오가 남았다", 〈한겨레〉, 2025. 4. 22.

"극우 포퓰리즘이 몰려온다", 〈한겨레〉, 2025. 2. 11.
"이민 정책은 '동료 시민' 정책이다", 〈한겨레〉, 2024. 1. 10.
"구조적 차별을 부정한다면", 〈경향신문〉, 2022. 2. 21.
"정치인만 모르는 차별의 빨간불", 〈경향신문〉, 2021. 11. 22.
"여가부 폐지로 풀 수 있는 문제는 없다", 〈경향신문〉, 2021. 7. 26.
"이준석 대표! 문제는 '할당제'가 아니야", 〈경향신문〉, 2021. 6. 28.
"성소수자 차별은 현재진행형", 〈경향신문〉, 2021. 3. 8.
"차별금지법 제정, 이제 정치와 입법의 몫이다", 〈시사IN〉, 696호, 2021. 1. 22.
"혐오 '표현'과 '차별'은 혐오범죄로 나아간다", 〈시사IN〉, 690호, 2020. 12. 11.
"차별금지는 윤리를 넘어 '조직의 생존 문제'", 〈시사IN〉, 688호, 2020. 11. 27.
"종교가 사회와 만나 '공존하는 방법'", 〈시사IN〉, 683호, 2020. 10. 20.
"'노란 옷 출입 금지'와 '히잡 출입 금지'의 차이", 〈시사IN〉, 680호, 2020. 10. 2.
"차별에 해당하지 않는 예외적인 경우 두 가지", 〈시사IN〉, 679호, 2020. 9. 24.
"'차별금지법', 처벌 미약해도 변화는 창대하리니", 〈시사IN〉, 676호, 2020. 8. 21.
"20여 개 차별금지 사유, 숫자 너머의 문제", 〈시사IN〉, 674호, 2020. 8. 20.
"동성 커플에게 케이크를 안 판다면?", 〈시사IN〉, 672호, 2020. 8. 8.
"차별금지법 제정, 이미 사회적 합의 끝났다", 〈시사IN〉, 670호, 2020. 7. 22.
"더 이상 미룰 수 없는 과제, 차별금지법 제정", 〈한겨레〉, 2013. 3. 31.
"'통합'의 정치와 소수자", 〈한겨레〉, 2012. 12. 16.

차별하지 않는다는 착각

차별은 어떻게 생겨나고 왜 반복되는가

초판 1쇄 발행 2025년 10월 24일
초판 3쇄 발행 2025년 11월 26일

지은이 홍성수
발행인 김형보
편집 최윤경, 강태영, 임재희, 홍민기, 강민영, 박지연, 김아영
마케팅 이연실, 김보미, 김민경, 고가빈 **디자인** 김지은, 박현민 **경영지원** 최윤영, 유현

발행처 어크로스출판그룹(주)
출판신고 2018년 12월 20일 제 2018-000339호
주소 서울시 마포구 동교로 109-6
전화 070-5080-4113(편집) 070-8724-5877(영업) **팩스** 02-6085-7676
이메일 across@acrossbook.com **홈페이지** www.acrossbook.com

ⓒ 홍성수 2025

ISBN 979-11-6774-246-9 03300

- 잘못된 책은 구입처에서 교환해드립니다.
- 이 책은 저작권법에 따라 보호를 받는 저작물이므로 무단 전재와 무단 복제를 금지하며, 이 책의 전부 또는 일부를 이용하려면 반드시 저작권자와 어크로스출판그룹(주)의 서면 동의를 받아야 합니다.

만든 사람들
편집 강태영 **교정** 윤정숙 **디자인** 박현민